U0899289

公办教育

如何从颓势中再次崛起

贫困县办大教育

徐　冰　江宜航　著

图书在版编目（CIP）数据

贫困县办大教育 / 徐冰，江宜航著. —北京：中国发展出版社，2022.6

ISBN 978-7-5177-1098-1

Ⅰ.①贫… Ⅱ.①徐… ②江… Ⅲ.①地方教育—研究—余干县 Ⅳ.①G527.564

中国版本图书馆CIP数据核字（2022）第047086号

书　　名：贫困县办大教育
著作责任者：徐　冰　江宜航
责 任 编 辑：葛　伟　梁婧怡
出 版 发 行：中国发展出版社
（北京经济技术开发区荣华中路22号亦城财富中心1号楼8层 100176）
标 准 书 号：ISBN 978-7-5177-1098-1
经　销　者：各地新华书店
印　刷　者：北京市密东印刷有限公司
开　　本：880mm × 1230mm 1/32
印　　张：7.25
字　　数：136千字
版　　次：2022 年 6 月第 1 版
印　　次：2022 年 6 月第 1 次印刷
定　　价：48.00元

联 系 电 话：（010）68990535　68990692
购 书 热 线：（010）68990682　68990686
网 络 订 购：http：//zgfzcbs.tmall.com
网 购 电 话：（010）68990639　88333349
本 社 网 址：http：//www.develpress.com
电 子 邮 件：271799043@qq.com

目　　录

曾经破败的校园已焕然一新

改造前的教学楼

现代化的教学楼

新建的现代化操场

快乐的学生

文化传承 寓教于“形”

丰富多彩的校园活动

现代化的操场

花园式的校园

明亮宽敞的阅览室

崭新的教学楼

敬业爱岗的老师

气派的教学楼

漂亮的大礼堂

整洁的阅览室

庆祝建党一百周年大合唱比赛

教研活动

明亮的教室里认真学习的学生

学校田径运动会

余干第一中学

贫困县也能办好公办教育

余干第二中学

尚在建设中的校园，已显露恢宏气势

引子

一个公办教育重新崛起的故事

2020年7月一个酷暑中的中午，我们来到江西省余干县。此行的目的是调研余干县教育扶贫的情况。进入县城的时候，恰好碰上中小学校中午放学，余干大道上车水马龙，挤满了接孩子的车辆。就在蜗行之中，我们看到了余干中学。它就在我们右手边，雄伟的校门耸立在一片灰扑扑的楼群间，极为高大。

余干中学是江西省重点中学。一般来说，省重点学校大都实力雄厚，校园建设远远领先于普通学校，这样的差别仅从外观上就能看得出来。但余干中学雄伟的校门还是让我们颇感惊讶。缓行中，透过校门我们匆匆看了眼校内的建筑：几座规模宏大的教学楼沉稳地矗立在校园中，线条简洁、素雅，看上去简直就是崭新的。

这匆匆一瞥让我们有些震惊，很难想象这居然是一个国家级贫困县中的学校。我们此前接触到不少贫困县的学校，即便是重点学校，也大多明显陈旧，给人一种挥之不去的沉闷之感。但余干中学极大颠覆了我们的固有印象。起码从教学楼看，这个贫困县中的学校完全不亚于很多大城市的重点中学。

因为有工作在身，我们没有走进学校详查究竟，而是直奔余干县教育体育局（以下简称教体局）。上午动身赶赴余干之前，我们联系上了余干教体局局长段百达，预约在教体局见面。

段百达局长却爽约了。接待我们的工作人员说，段局长去南昌买大门去了。对于我们扑空，这位工作人员满含歉意，不停地解释：段局长原本是要在局里等你们的，但上午临时来了信息，必须立即赶到南昌去。“这个大门是给一个农村小学校买的，段局长盯了很长时间，价格一直谈不下来。但今天早上厂商来信，价格估计会有松动，段局长就赶忙过去砍价了。”

堂堂局长要亲自出马和厂商砍价，让人不禁哑然失笑。此前通过其他渠道也得知，这位段局长是个工作狂，此番约他见面也颇费了一番周折。

见我们枯坐在办公室有些无聊，局里的那位工作人员说：“反正干坐着也没事，要不我们下午就先下乡去看看学校？”这个提议正中我们下怀。

第一站是瑞洪镇的南墩学校。没想到刚到校门口，我们就又被震撼了一下。只见一座崭新的学校展现在眼前。校园占地面积以及教学楼的规模，比起很多一线城市的学校丝毫不差，让人很难相信这居然是一所乡镇级别的学校。该校校长张如猛向我们介绍道：“余干县长期是国家级贫困县，财力薄弱，我们镇就更不用说了。但是在学校建设上，政府还是舍得投入的。”

我们问张校长，南墩学校的校园建设花了多少钱？张校长说是 1500 万元。听到这个数字，我们大感惊讶，立刻产生了浓厚的兴趣：建设如此规模的学校居然才花了这么点钱，他们究竟是如何做到的？张校长苦笑道：“还不是东抠西抠硬抠出来的。”

第二站，我们去的是黄金埠镇的新庄小学。据介绍，新庄小学曾经是当地较好的小学，生源辐射周围数个村子。但因常年缺乏投入，校舍极为破败，再加上附近私立学校的竞争，不仅生源迅速流失，连老师也陆续走了好几个，致使学校在很长一段时间难以为继。

但我们看到的新庄小学，情况已经发生了翻天覆地的变化。崭新的教室已经建好并投入使用。昔日破败的校舍还有大约半间留在原地，恰好映射出这所学校的演变。新庄小学的校长对我们说，那半间校舍目前暂时做食堂用，最终还是要拆掉的。他计划在原址盖一间新的食堂。我们问校园改造投资多少？校长说仅仅 50 多万元。见我们露出惊讶的表情，校长解释道：贫困县办教育不容易，必须精打细算，一分都不能浪费。他进而说道，在经费使用上，段局长要求极为严格。他指着校园中一排刚栽下不久的花木说，这些花是以极低的价格买来的，差不多等于白送了，搞得花木公司的老板很为难。要不是段局长亲自上阵讨价还价，肯定是拿不下来的。这是在不到半天的时间里，我们听到的第二个局长砍价的故事。

等我们见到段百达局长的时候，已是晚上10点多。

“我咨询了很多企业，对这种门的价格已基本上摸清楚了。那个企业的报价并不虚高，但是我觉得还是有砍价的空间。”段百达脸上明显带着奔波的疲惫，却也掩饰不住兴奋。显然，砍价成功了。“砍下的这点钱我可以再多种一点花草，让学校更漂亮一点，为什么不砍呢，有什么理由不砍？”

实际上，那天我们匆匆忙忙考察了几个学校，不光听到了两个他砍价的故事，还意外得知了他的一个“光荣称号”——“余干教育系统葛朗台”。这自然是一种善意的挖苦，反映的是段百达在教育投入上的精打细算，不仅绝不浪费一分钱，而且要让每一分钱都花得物超所值。

当我们把那个“光荣称号”告知段百达时，他有些尴尬地呵呵两声。他承认，在他的严格要求下，余干县教育系统的员工干得很苦，没有什么油水。“虽然现在贫困帽子摘了，国家的扶贫力度也很大，可终究家底太薄。国家对余干教育扶贫投入的每一分钱都来之不易，必须不折不扣地用之于教育。这没什么大道理好讲的，既是教育工作者的荣誉，更是职责所在。”

虽然已经很晚了，段百达又奔波了一天，可谈起余干的教育发展来，他精神抖擞、滔滔不绝，烟也是一根接一根地抽。正是在这样浓重的腾腾烟气中，我们了解到了一个教体局局长是如何工作的，了解到了一个国家级贫困县是如何办大教育的，尤其是了解到了这个国家级贫困县的公办教育曾经濒临全面崩溃，一群心系教育的人是如何力挽狂澜，依靠朴素的信念和对教育的痴心执着，筚路蓝缕，一步一步地扭转乾坤，使公办教育再次崛起的。

第一章

余干公办教育曾全面陷入颓势

江西省余干县濒临鄱阳湖东南岸，自秦置县，迄今已有2200多年的历史，是江西省18个古县之一，素有“江南名郡”的美誉。余干县文脉发达，理学重要的流派之一“余干之学”就诞生于此。许多历史文化名人曾驻足余干，县城内至今仍留存诸多遗迹。悠久的历史和文化传承，造就了余干文气氤氲，气质独特。

深厚的文化底蕴，决定了余干县对教育极为重视。这里尊师重教风气极盛，从古至今，绵绵不绝。余干县一直是江西省的教育大县，无论是学校数量还是学生人数，在江西省都名列前茅。

今天走在余干县城，会发现余干县在学校分布上非常有特点：县城东面，有余干中学、余干三中、实验小学、余干八小；西面，有余干一中、实验幼儿园、余干四中、县职教中心、特教学校、余干九小；南面，有余干六中、二小、三小、五小、县幼儿园；北面，有余干二中、余干五中、海尔希望学校、余干十小、城区中心幼儿园；城中，有余干六小、十一小。

很显然，这样的布局是有意为之的。余干县是个人口大县，全县有 100 多万人，仅县城就有 30 多万人。据余干教体局的统计数据显示，截至 2019 年，全县在校学生 161174 人，其中高中在校生 25619 人，初中在校生 47707 人，小学在校生 87848 人。庞大的人口基数以及学生数量，决定了余干的教育发展必须详加筹划，仔细谋篇布局。县城里学校东西南北中的分布，其实就是这种意图的具体体现。

而这样的统筹规划、有序推进，却只是近 10 年来的事。今天，看到余干教育的繁荣兴旺，余干人心中无限感慨的同时，也总是会联想起曾经的一段教育乱象。在很多余干人看来，余干公办教育之所以能够取得今天这样的成绩，正是从那段教育乱象开始起步的——这就是在余干调研的我们所了解到的一个堪称波澜壮阔的故事，在大约 10 年的时间里，余干的公办教育经历了一个从全面衰败到全面振兴的过程。

民办教育狂飙突进

2002 年 12 月 28 日，对于中国的教育事业而言是一个具有里程碑意义的日子。在这一天，《中华人民共和国民办教育促进法》（以下简称《民办教育促进法》）在第九届全国人民代表大会常务委员会第三十一次会议上审议通过，正式颁布。

该法第三条规定：国家对民办教育实行积极鼓励、大力支持、正确引导、依法管理的方针。第五条则规定：民办学校与公办学校具有同等的法律地位，国家保障民办学校的办学自主权。

回顾一下2002年的氛围，不难理解《中华人民共和国民办教育促进法》出台的宏观社会背景。那时的中国正处于社会主义市场经济高歌猛进、深化发展的阶段，整个社会情绪高昂、思想解放，敢于也热衷于接受、尝试新鲜事物。在民办教育领域，此前国家曾于1997年7月31日颁布过一个《社会力量办学条例》。而5年之后该条例上升为法律，一方面显然表明国家对于民办教育的重视，另一方面也说明全社会对于民办教育存在着巨大的需求。也正是从2002年开始，民办教育在中国驶上了迅猛发展的快车道。形式多样、门类齐全、机制灵活的各类民办教育机构，如雨后春笋般涌现，在很短时间内就塞满了教育的每一个缝隙。

全国各地如此，作为教育大县的余干县自然也不能例外。

现在只要一提起那个时候余干民办教育的发展情况，余干县的很多教育工作者都记忆犹新。在他们的印象里，仿佛在一夜之间，余干县就冒出了许多民办学校。这些学校很多颇具规模，覆盖了高中、初中、小学甚至幼儿园。

余干民办学校的发展势头极为迅猛。余干县教体局的相关统计数据显示，截至 2011 年，余干县共有中小学（校）453 所。其中，公办学校 424 所，包括高中 4 所，初中 45 所，中心小学 30 所，中心小学下辖村小 345 所；民办学校 29 所，包括普通高中 5 所，职业高中 1 所，初中 9 所，属中心小学管理的下辖完小 14 所。

如果从学校数量上看，余干县的公办学校依然占据压倒优势，形势似乎还非常乐观。但是，这仅是表面现象。假如再进一步考察在校生人数，问题立刻就显现出来。

同样是根据余干县教体局的统计数据，2010—2011 学年度，余干县全县共有学生 163927 人，其中小学 97129 人，初中 50570 人，高中 16228 人。全部学生中，公办学校在校学生 121095 人，民办学校在校学生 42832 人。

余干县的民办学校，以占全县学校总数仅仅 6.4% 的规模，吸引了超过全县在校学生总数 1/4 的学生。

公办教育全面遭受挤压

民办学校规模做大之后，余干县的公办学校就感觉到了明显的挤压。较为典型的如黄金埠镇初级中学。2006 年之前，该校常年保持800名左右学生的规模，最高峰时达到近1000名学生。2006年后，由于当地一下子冒出了五六所民办私立中学，不但抢走了该校的生源，还将该校10多名骨干教师挖走了。

黄金埠镇初级中学所在的黄金埠镇是全国100个重点建设试点城镇之一，全镇总面积147.7平方千米，人口10多万。黄金埠镇初级中学创办前，整个黄金埠地区（含梅港乡、社庚乡、五雷乡、峡山乡、当地工矿企业及河埠乡部分地区）10多万人口只有一所黄金埠中学，中学教育资源尤其是初中阶段教育资源十分紧缺。为了解决学生上学难的问题，1987年，黄金埠镇政府投资建设了黄金埠镇初级中学。学校占地面积30余亩，是一所封闭的公办初级中学。据学校资料显示，黄金埠镇初级中学配备了多媒体教室、微机室和实验室，拥有教学楼、办公楼、实验楼、男生宿舍和现代化的设施齐全的女生公寓。学校2004—2005年被评为“上饶市文明学校”，2006—2008年受到市（上饶）、县（余干）教育系统及广大群众的好评。

就是这样一所各方面条件都还不错的公办学校，在民办学校的冲击之下也连年败退。到2011年，该校仅剩学生160人左右，而正式在编的教师却有70余人，平均每个教师教2个学生，包括师资、教学楼等在内的很多教学资源都空置浪费了。

黄金埠镇初级中学的境况在当时的余干县绝不是孤例，而是典型反映了那个时候余干县全县公办教育出现的普遍现象——在余干县民办学校狂飙突进的同期，余干县的公办学校普遍陷入了低谷。就连余干县的老牌重点学校余干中学，也感受到了阵阵凉意，出现滑坡。

余干中学建校于1923年，是首批“江西省优质高中建设工程”项目学校，中共中央政治局原常委、中央纪委原书记吴官正曾就读于该校。作为余干县的老牌重点中学，余干中学此前从未为生源发过愁，但是在余干民办学校崛起的过程中，余干中学突然发现，自己面临着民办学校以及周边优质中学的双重挤压，学校的生源尤其是优质生源开始出现严重流失。2008—2011年，余干中学没有一个学生考上北京大学和清华大学。这样的状况在学校的历史上前所未有。为此，吴官正同志于2009年拿出50万元稿费收入，在学校设立了一个昱鸿奖（助）学金，以资助家乡贫困学生求学。

余干县的民办教育从2001年前后起步，经历了从无到有、从小到大、从单一到多元的发展历程。在短短的十几年间，就形成了民办学前教育规模庞大、九年义务教育占重要地位、高中教育占半壁江山的格局。虽然就客观而言，余干县的民办教育有效弥补了公办教育的不足，满足了人们对教育的不同层面需求，整体上提升了余干县的教育水平，却也造成公办学校尤其是农村公办学校生源的大量流失，加剧了教育不均的态势。

余干县民办教育的“半壁江山”究竟是个什么情况？从以下数据中就能得到更加形象的感受。截至 2014 年，余干县有市、县教育行政部门批准开办的各级各类民办教育机构 270 所。其中：学前教育机构 228 所（不包括 2012 年前遗留下的 25 所和 2012 年后新增的 4 所无证园），完全小学 14 所，初级中学 5 所，九年一贯制学校 5 所，十二年一贯制学校 5 所，职业中专学校 2 所，社会培训类教育机构 11 所（未注册备案有 60 余所）。全县民办学校共有在校（园）学生 67342 人，其中幼儿园 27368 人，小学 18887 人，初中 12253 人，高中 8834 人。

民办幼儿园在园人数占全县在园人数的 81.57%，义务教育阶段民办小学在校学生人数占全县小学生总数的 21.47%，义务教育阶段民办初中在校学生人数占全县初中生总数的 41.74%，民办高中在校学生人数占全县高中学生总数的 53.03%。全县民办学校（园）在读学生占全县在校（园）学生总数的 41.74%。在职教师共 2601 人，其中 1401 人有教师资格证，仅占教师总数的约 53.9%。总校园占地面积约 121.74 万平方米，校舍面积约 54.86 万平方米，民办教育投资累计达到 5 亿元以上。

但是根据教育部同期的统计数据显示，2013 年全国共有各级各类民办学校近 15 万所，专任教师 300 万人，在校生达 4078 万人，在校生在相应学段的占比约为：幼儿园 51%、小学 7%、初中 10%、普通高中 10%。

两相对照很显然，余干县的民办教育与全国情况相比，规模绝对不是大了一点点。而在如此规模的民办教育冲击之下，余干县公办教育的萎缩其实是完全能够想象得到的。

余干县的教育发展为何会出现这样的局面？教育的“民进公退”为何在余干县表现得如此明显？原因当然也有很多。

第一，在国家政策层面，国家的相关政策、法律，为民办教育发展提供了支持保障。1997 年 10 月 1 日，国务院颁布实施了《社会力量办学条例》（国务院令第 226 号），其倡导的“积极鼓励、大力支持、正确引导、加强管理”16 字方针为民办教育发展争取了合法地位，同时给予了大力的鼓励和支持。2003 年 9 月 1 日颁布实施的《中华人民共和国民办教育促进法》与 2004 年 4 月 1 日颁布实施的《中华人民共和国民办教育促进法实施条例》，给民办教育的发展提供了法律保障。此后几年间，全国上下掀起了社会力量办学热潮，余干县也相继批办了新时代学校、蓝天中学、中英文学校、沙港初中、凌云中学、华堂中学、怀远初中等民办学校。

第二，地方政府对国家政策积极响应。2003 年在《中华人民共和国民办教育促进法》颁布后，余干县委办公室、县政府办公室根据国家发展民办教育的精神，迅速联合出台了《关于大力发展余干县民办教育若干问题的意见》。对民办学校教学用地划拨、学校建设免税、公办学校教师可向民办学校流动及职称评聘、工资晋级、工龄计算，以及可逆的双向制招生、学生学籍管理制度等均给予极大的政策支持。根据该《意见》的相关规定，公立学校教师在开学前 1 个月提出申请，即可保编进入私立学校，职称评聘、工资晋级、工龄计算等与公立学校一致，并可随时返回公立学校；对愿意去私立学校的学生，公立学校不得阻拦。

完善、优厚的配套措施为余干县民办教育的发展注入了强大动力，提供了发展的沃土，大大加速了民办学校的迅猛扩张。截至 2011 年，余干全县民办学校除玉亭镇琵琶洲小学、福娃小学的办学场所属租赁制外，其他民办学校的教育用地均为国家政策性划拨。

不仅如此，余干县还实行了“民办公助”模式。2002 年，“余干县民办公助沙港初中”的设立，就直接得益于此项政策。2006 年，余干县蓝天实验中学设立时，为了缓解县城义务教育阶段班额过大问题，余干县政府又携手蓝天实验中学实行“民办公助”模式，允许该校在全县招考200名在编公立学校教师，其5年内的基本工资由县财政支付，并可随时返回公立学校。

正是受到余干县委、县政府优惠政策的鼓励，2004年黄金埠中学30多位骨干教师在一夜之间集体离校，凑钱买下私立清华中学，投身民办教育。由于这些教师当时多担任高三年级重点班、英才班的班主任或任课老师，他们的离职基本上把当年黄金埠中学高三年级的学生带走了。受此影响，时为上饶市学生人数最多的中学和江西省重点建设学校的黄金埠中学一下子跌入低谷，在校学生数量由2004年上半年的4300多人，到当年下半年就锐减到不足3000人。至2007年，学生总数更是下降到不足1200人。原设计容纳3000人的学生公寓和食堂，一半以上被闲置。而到了2011年，黄金埠中学教师流向私立蓝天中学（含蓝天实验学校）22人左右，流向私立清华中学40人左右，流向私立新时代学校六七人，流向私立中英文学校三四人，调往公办余干中学、余干二中、余干三中50人左右，总数超过150人。

公开或私下到私立学校任教的教师，虽然基本上不管公立学校的课程，但照领工资，这就打乱了公立学校正常的教学秩序，不仅严重影响了学生的学习，也使其他教师心里非常不平衡。

第三，农村中小学校教育网点布局调整，为民办学校发展提供了契机。2000年后，国家大力推进移民建镇、撤乡并镇进程。教育部根据劳动力人口大量向城镇迁徙集中的社会现象，要求地方政府重新调整学校网点布局，整合教育资源，提高利用率。其间，余干县公办农村中小学校进行了网点布局调整，前后撤并近百所教学点和学校。学校的撤并给部分学龄儿童就近入学带来了一定的不便，但为全托式寄宿制民办学校的创办、发展提供了极为有利的契机。

第四，经济社会发展与城镇化进程加快的客观需求，为民办学校提供了市场。随着余干县经济发展加快和城镇化建设加速，大量农村个体工商户及收入高的农民向城镇流动，而城镇公办教育资源又无法满足其子女就读需求，民办学校便应需而生。充足的生源使民办学校有极大的发展空间。特别是县城城区和黄金埠片区、古埠片区、石口片区这些人口相对集中、经济文化相对发达的区域，民办学校的数量较多，且规模较大。

第五，余干县是劳动力输出大县，每年约有20万劳动人口外出务工、经商，导致农村出现大量的留守儿童，许多家庭亟须解决留守儿童的日常监护、生活起居、课外学习等问题。而在21世纪初期，余干县公办学校在校学生人数18万左右，却只有很少一部分初中、高中学校具备远程学生食宿条件，而且能容纳的学生数量也非常有限，条件十分简陋，小学则基本不具备寄宿能力。

公办学校寄宿制原是通过对寄宿学生收取寄宿费、伙食费、搭膳费、自行车管理费、水电费等经营性费用来维持生存。可 2002 年秋季实行“一费制”和义务教育免收费用的政策后，公办学校寄宿制没有了收入来源，立刻难以为继，条件越来越差，生存越来越艰难。

留守儿童食宿寄管的刚性需求，为民办寄宿制学校的兴办提供了机遇。2011 年前后，余干全县 29 所民办学校均为寄宿制学校，极大地缓解了学生父母外出无暇照顾学生日常学习生活与公办学校无力承办学生寄宿的矛盾。仅此，民办学校就吸引了大量生源。

余干民办学校之所以发展迅猛，“民进公退”之所以严重失衡，还有一个很重要的原因——余干县财力紧张。

余干是国家级贫困县和扶贫开发工作重点县，是农业大县、人口大县（人口 100 万）和财政穷县。2002 年，余干县财政收入仅为 1.17 亿元，而义务教育阶段的教师工资就达 8000 万元。

2002 年，江西省全面进行农村税费改革，农业税的减少和最终取消，对本就比较困难的余干县财政影响很大，同时教育费附加和教育集资的取消，更让余干县农村教育经费捉襟见肘。

据有关人士介绍，为了快速甩掉教师工资这个“大包袱”，当时的余干县委主要领导想到了发展民办教育，因此才出台了前面提及的极为优惠的政策。

余干民办学校的大发展，确实在一定程度上减轻了政府的财政压力。可是由于配套政策没有及时跟进、完善，相关部门也没有进行正确的规范和引导，最终造成了余干民办学校发展迅猛却无序扩张的众多乱象。而这种混乱的发展局面，一方面致使余干的公办学校尤其是农村学校面临全面萎缩的极度危险；另一方面也严重扰乱了余干的教育市场秩序，损害了余干教育的健康有序发展，损害了人民群众的切身利益。

到了 2011 年左右，经过 10 来年极度失衡的“民进公退”以及混乱无序的发展，余干教育长期集聚的大量不满和社会负面评价此起彼伏，严重影响了余干的形象。

社会对余干教育的大量负面舆论反应，使余干县委、县政府警觉起来。

2011 年 3 月，时任余干县委副书记、县长的郑光泉到黄金埠中学调研时，在听取包括黄金埠中学在内的多家公立学校领导汇报后，当即要求有关部门采取有效措施，对私立学校挖公立学校墙脚等不正当行为坚决予以制止、纠正、处罚，对公立学校教师到私立学校兼课行为要坚决予以查处。并要求当年暑假，在私立学校任教的公办教师必须回到公办学校任教，否则其编制将不予保留。

为改变民办学校泛滥无序扩张对余干教育带来的不利影响，规范当地教育市场秩序，2011 年 7 月 18 日，余干县政府正式下发《关于规范余干县公办学校教师到民办学校任职任教秩序的意见》（干府发〔2011〕7 号文），禁止未经批准的公办学校教师到民办学校任职任教。

这个文件使全县有近 1000 名教师重新回到公办学校。另有一部分教师则与县教体局签订了《余干县在编公办教师到民办学校任职任教协议书》，办理停薪保编手续，继续留在民办学校任教。

在出台相关措施尽力纠偏的同时，余干县委、县政府也开始深入思考如何化解公办教育、民办教育畸轻畸重的矛盾，开始重新思考公办教育之于当地社会经济发展的地位和影响。

冰冻三尺非一日之寒。十几年积累的问题、形成的路径依赖，自然不可能毕其功于一役，仅靠发几个文件就可解决。在当时，余干县委、县政府相关领导的脑海中，也还没有形成系统性的改革方案。但是余干县委、县政府的态度非常明确，余干教育的乱象不能再继续下去，余干县的教育事业必须重新回到以公办教育为主体，同时民办教育健康有序规范发展的轨道上来。

正是在2011年，一场宏大的公办教育改革在余干拉开了帷幕。当年，余干县委、县政府调整了县教体局的领导班子。也正是在这一年的11月，段百达来到余干县教体局任局长。

第二章

找准问题所在

段百达是余干县玉亭镇人，2011 年 11 月就任余干县教体局局长的时候刚 40 岁出头。他生于斯长于斯，出生、成长、读书、参加工作、成家立业，50 多年的人生轨迹，几乎全部在余干县境内。

在任余干县教体局局长前，段百达是县纪委副书记兼监察局局长。对于余干县公办教育的状况，他此前自然也有所耳闻。但是公办教育沉沦到如此地步，是他万万没有想到的。提起余干的教育，段百达总是想起自己少年时的读书时光。那个时候生活是贫困的，学校条件也不好，都是土墙草屋泥巴地，但师生的精神面貌是积极、昂扬的。他无论如何都想不明白，经过了几十年的发展，进入 21 世纪都 10 年多了，余干的公办学校居然还出现这么大的倒退。虽然余干是国家级贫困县，政府财力有限，在教育投入上不可能与那些富裕县相比，可看到很多学校杂草丛生、垃圾遍地，段百达感到，余干公办教育的衰败恐怕也不完全是财力不足的问题。

极为糟糕的现状，让段百达心情非常沉重。但他也知道，县委、县政府决定把他放到这个位置上，不是让他来享受清闲的。他本人也不是那种浑浑噩噩、得过且过、做一天和尚撞一天钟之人。参加工作几十年来，无论在什么位置上，他的念头一直都很单纯：千方百计、真真正正地“做点事”。

对于余干的公办教育，该做点什么事，该如何“做点事”呢？段百达感到巨大的压力和紧迫感。

光着急没用。段百达知道，对余干公办教育的问题仅仅“有所了解”显然还远远不够，当前最为紧迫的，是要全面彻底地掌握究竟存在哪些问题。只有找准了问题所在，以问题为导向，才能尽快找到突破口。这是段百达在长期工作实践中积累的经验。到了教体局，他依然坚持问题导向的工作思路。他决定：对余干县的公办教育来一次彻底的“会诊”，做一次详细的调研。

对于段百达的想法，余干县委、县政府很快就予以批准。对余干公办教育近些年来的全面萎缩，余干县委、县政府也遭受了巨大的舆论和现实压力，迫切希望有人能够在关键时刻迎难而上，尽快使余干公办教育摆脱极为不利的发展局面。对于段百达在全县教育系统进行一次大规模摸底调研的请求，县委、县政府给予了大力支持，迅速成立了调研组，以分管领导为正、副组长，从县四套班子办公室、县委政研室、县教体局、县人保局、县编办等单位抽调精干人员组成调研组。调研组日常办公机构设立在县教体局，由局长段百达全面统筹、协调指挥，教体局分管人事的副局长直接带队，具体实施。

2012 年 5 月，一场大规模的、为扭转余干县公办教育颓势而进行的专题调研全面展开。

根据工作部署，调研组首先进行广泛的调查。在一个多月的时间里，调研组分成多个工作小组，兵分数路深入全县 40 多所中小学、部分乡镇和县直单位实地调研，马不停蹄地召开了 23 次座谈会，累计逾 300 人次参加。同时，调研组还研究分析了教育有关方面的政策文件和法律法规，学习借鉴了兄弟县市在公办教育以及民办教育领域的做法。

对于这次大规模调研，大量最基层的老师、学校管理人员、学生家长给予了积极回应。提起余干公办教育多年来的萎靡不振，他们长期积压的不满一下子找到了宣泄口。由于积郁多年，他们的言辞不免激动、激烈甚至极为刺耳，但是从这些听上去过激的言辞中，调研人员却看到了普通群众对余干公办教育发自内心的热切期待。

段百达多次对调研人员强调："良药苦口，忠言逆耳。群众的话有时说得是难听一点，大家也确实受了不少委屈。但是要知道，群众的怨气不是冲你个人去的，他们不满的是余干的公办教育远远落后于人们的需要。作为余干教育人，对群众有这么大的怨气应该感到羞愧。尤为重要的是，要知耻而后勇，脚踏实地做调研，把余干教育存在的问题一个不漏地收集上来并找到对策，如此余干公办教育才有重新振兴的希望。”

2012 年 5 月开始的这次专题调研，是新中国成立后余干教育史上最大规模的调研。调研历时 5 个多月，分三个阶段逐步展开。第一个阶段是广泛调查，为时一个多月，目的是详细摸清余干县教育的家底。

调研数据显示，截至 2012 年 5 月，余干县全县共有学校（幼儿园）803 所，在校学生 167401 人（公办学校在校学生 86410 人），教师 8635 人（公办教师 7063 人）。其中，公办学校（幼儿园）413 所：高中 4 所，学生 7137 人，教师 466 人；初中 45 所，学生 17357 人，教师 2435 人；小学 361 所，学生 61448 人，教师 2451 人；幼儿园 3 所，学生 468 人，教师 19 人。民办学校（幼儿园）390 所：高中 5 所，学生 9303 人，教师 397 人；初中 9 所，学生 14672 人，教师 588 人；小学 14 所，学生 18917 人，教师 581 人；幼儿园 362 所，学生 38099 人，教师 1698 人。

总体来看，余干县教育发展和改革的成绩是显著的，全县普及义务教育的人口覆盖率达到 100%，“两基”目标全部实现，顺利通过了国家的督导检查，并荣获全省“两基工作先进县”。教育经费投入稳定增长。2007 年教育经费投入 2.61 亿元，2011 年达到 6.17 亿元，增长 136.4%。余干县是个国家级贫困县，考虑到县财政的状况，这个投入增速还可以。

教育教学质量也不断提升。2011 年，全县一本上线 483 人，较 2007 年增长 85%；二本上线 1554 人，较 2007 年增长 63%。2012 年，全县一本上线 381 人，全市（上饶市）排名第三；二本上线 1391 人，全市排名第二。

教育事业发展的成绩让人欣喜，但存在的矛盾和问题也相当明显。通过对调研情况的分析研究，余干县教体局领导班子认为：就本质而言，这些矛盾和问题突出地表现在“教育的发展不能满足全县社会经济的发展以及人民群众对教育的新期盼、新要求”。而具体的表现则主要在以下十个方面。

一是公办薄弱学校建设有待加强。调研结果显示，余干县农村公办中小学普遍存在较大困难，学校学生规模急速萎缩。全县 45 所农村公办初中有 18 所学生规模是 100 人以下的，甚至瑞洪湾头初中仅有 10 名学生。萎缩幅度最大的信河中学、梅溪初中和湾头初中，现有学生分别仅占历史最多时期的 17‰、22‰和 27‰。而农村公办小学除了乡镇中心小学能维持一定规模外，农村完全小学学生流失严重，有的甚至人去楼空。

二是公办学校投入有待加强。虽然国家、省、市、县对余干县教育的投入都在增长，但是由于余干县教育基础差，教育教学设施配套仍不到位。截至本次调研结束，全县无围墙的学校有初中 1 所、小学 154 所；无校门的学校有初中 1 所、小学 169 所；无食堂的学校有初中 9 所、小学 339 所；无厕所的学校有小学 13 所。教学条件、生活设施改善因资金不足难以实施；而公办学校硬件上的不足，导致其难以满足群众对教育的需求。

三是学校内部管理与周边环境治理有待加强。农村薄弱学校管理不到位，校内杂草丛生，很不景气。同样，校园周边环境整治也不容乐观。有的学校被网吧、游戏厅包围；有的学校被杂乱的民房、店铺包围；有的学校出门道路是断头路、低洼路、停车场，既影响了学校的形象，学校的安全也得不到保障。

四是教育网点布局有待调整。公办学校方面，由于学校生源不断减少，学校人数达不到正常的师生比要求。比如，瑞洪镇辖区内有 6 所初中，除瑞洪中学外，其余 5 所学校学生总人数为 172 人，教师总人数为 101 人，网点布局迫切需要调整，教育资源迫切需要重新配置。在民办学校方面，主要是空间布局不够合理，黄金埠、梅港和古埠等部分乡镇比较集中，不利于学校健康有序地发展，也不利于学生就近入学。

五是全县教育教学质量特别是农村学校教育教学质量有待提高。近年来，尽管余干县高考成绩在全市排名不断提升，但是在持续稳定地被北大、清华等名牌高校录取方面还没有取得突破。义务教育阶段教育质量不理想。部分农村中小学课程设置达不到素质教育的要求，音体美课程形同虚设，义务教育阶段教育质量整体水平低、优生资源数量少。近三年来，除分配均衡生，全县有中山农中、新生初中等 6 所初中没有一名考取过重点高中的学生。

六是教师队伍建设和管理有待加强。全县教师总量不足，每年教师增补数量达不到自然减员数量；教师进城调动调控不力，城乡教师资源分布不均，县城及周边地区教师过于集中，偏远农村学校或薄弱学校教师严重不足，截至本次调研结束，全县农村仍有学校自聘代课教师共计 802 名；教师职称管理滞后，向一线从事教学人员倾斜力度不够；师德师风建设有待加强。

七是学校管理人员有待精简。全县公办教师共有 7063 人，其中学校管理人员多达 1078 人，有的中心学校设有校长一正六副，工会主席一正二副，教导主任一正三副等；有的初中中层以上干部竟达 20 多名，超过教师总数的 50%。学校管理人员过多，不符合学校管理上精简高效的要求，同时也给教育教学管理带来一些新问题。相当一部分管理人员基本上不担任一线教学任务，人才资源浪费现象严重；管理人员过多，也导致非教育教学开支过大。

八是教育主管部门与部门沟通协调有待加强。在人员编制方面，近年来学校教师调动和人事调整，没有及时到人事、编制、财政部门办理相关手续，产生的教师人编分离、工资关系和岗位分离情况较多，影响了正常的教育管理。

九是全社会支持和帮助教育的力度有待加强。乡镇与教育主管部门的沟通协调不够，部分乡镇对教育重视不够、支持不够，对学校存在的困难和问题不能及时研究解决。少数部门对教育的监督检查没有很好地履行服务职责，存在“索拿卡要”现象，影响正常的办学秩序。

十是民办学校管理有待规范。义务教育阶段民办学校份额过大，引起了社会关注。调研分析认为，余干县民办学校主要存在“五乱”“两不达标”和非法办学等问题。“五乱”是指乱收费、乱招生、乱摊派资料、乱补课、乱扩招；“两不达标”是指生均面积不达标、课程设置不达标；非法办学方面，全县仍有无证幼儿园 25 所，无办学许可违规招生的小学多所。

本次调研缘于余干公办教育全面出现颓势，因此调研的目的非常明确，对调研发现的问题更是毫不回避、直击要害。在阅读本次调研的相关总结分析报告时，报告用词的尖锐给我们留下了深刻印象。而我们所接触到的数十位学校校长、老师，对这次调研也是记忆犹新。在他们看来，这次调研范围之广、触及问题之深、调研作风之务实都是前所未有。正是通过这次调研，很多基层的教育工作者感到，余干教育系统的风格变了，余干的公办教育很可能要掀起一场大的改革。

应该说，调研所罗列的问题相当严重，余干县教体局新领导班子事先在心理上对此也有所预期。对于余干教育改革者来说，他们并不回避问题。之所以安排此次大规模调研，为的就是真正发现问题，从而真正解决问题。心态的稳定、开放，使得对问题的研判也更加理性。面对几乎一团乱麻的局面，余干教体局新领导班子认为，这些矛盾和问题，有些是教育教学管理自身的问题；有些是经济社会快速发展特别是工业化、城镇化和信息化加速发展所带来的新挑战；还有些是历史问题与现实矛盾叠加造成的新情况，属于教育问题和社会问题相互交织、相互碰撞给教育事业带来的不适应。对于余干教育的混乱、无序，人们看在眼里痛在心里，但是问题要解决，需要的是切实的行动。

针对调研发现的问题，余干教育改革者条分缕析，逐条提出了解决方案。

一是要加强对教育工作的领导。坚决贯彻教育优先发展战略，落实义务教育均衡发展的责任，把教育工作纳入考核评价体系；要经常研究发展教育、服务教育的议题，切实落实有关政策和举措；要理解和支持教育，对教育多一分理解、少一分指责，多一分支持、少一分干扰，共同促进教育事业发展。

二是要加大对学校建设的投入。建立健全公共财政体制下教育投入的稳定增长机制，依法保证教育经费的“三个增长”，切实保证对教育发展的正常经费投入。及时调整余干县公办学校办学的投入方向，重点办好农村寄宿制学校，满足农村留守儿童就读的需求。

三是要加强和谐校园建设。要把公办学校的校园环境建设纳入校长考核体系。县公安、文化、工商、卫生监督、交警等有关部门要组成联合执法小组，对学校周边的游戏厅、网吧、小吃店、校车等依法进行监管，还学生一片明净的天空。

四是要适时合理调整教育网点布局。对生源较少的农村初中就近向中心城镇撤并。对于网点布局不合理的瑞洪镇等乡镇，要加大教育资源整合力度，将农村初中并入城镇初中、薄弱初中并入优质初中。同时，要积极利用被撤并的原有校舍，规划兴建乡镇示范性幼儿园。

五是要不断提高教育教学质量。全面实施义务教育新课程，积极稳妥推进普通高中课程改革。要切实减轻中小学生过重的课业负担。要强化基础教育质量监测，构建起以素质教育为导向，以促进学生发展为目标的基础教育质量评估和质量监控体系，努力提升余干县教育质量方面的群众认可度和社会信誉度。

六是要加强教师队伍建设和管理。要建立教师正常增补机制，保证正常教学需求。要分流部分中小学校的富余教师，补充到缺员学校。要严控县城及周边学校调进教师。要鼓励县城教师到农村学校支教。要尽快使教师职称评审进入正常化轨道。要进一步加强师德师风建设。

七是要加强学校管理人员队伍建设。要按照定岗定员定责的要求，严格控制学校管理人员数量。要鼓励学校管理人员公开竞争上岗。要合理分流富余管理人员，充实教学一线。

八是要加强教育与人事、编制、财政等部门的沟通协调。要规范教师调动程序，确保人员、编制、岗位、工资关系统一。要明确教师调动的基本原则：教师富余学校向教师不足学校流动、城区富余教师向农村基层学校分流；原则上超编学校不得调进教师，空编学校不能调出教师，学科紧缺教师不能调出。

九是要严格对教育工作的监督检查。执法部门对学校正常执法检查要统一时间、统一安排，避免执法检查给学校带来干扰。执法部门对教育执法检查时要本着服务为先的原则，不能一罚了之。如有特殊情况，确需在其他时间进校执法检查的，需征得县分管领导同意。对严重干扰学校正常教学秩序的执法行为，要严肃查处。

十是要规范民办学校的办学行为。要严控办学规模，按照有关规定，核定各民办学校的办学规模，杜绝无序扩张。要严整招生行为，落实民办学校按计划招生，建立发布招生广告许可制度。要严治大班额情况，加大督促检查力度，确保班级人数符合国家有关规定。要严查乱收费，明确规范收费标准，对代收费情况要进行报批。要严管教师队伍，但不得影响公办学校办学秩序、教学质量。要严抓非法办学的问题，对现有的非法办学进行严厉打击、坚决取缔，同时要建立违规办学防控机制。

站在现在的时点回头看 2012 年 5 月开启的这次大规模调研，会很清楚地发现，此次调研的巨大价值和作用，其为之后的余干公办教育改革厘清了思路，找到了推进路径。之后近 10 年重振余干公办教育改革的每一步，都能从这次调研中发现逻辑脉络。而在当年，这次调研的成果则直接催生了许多重要的改革文件，例如《关于统筹推进教育改革和发展的决定》《余干县“十二五”教育发展规划纲要》《关于加强全县民办学校管理的意见》《关于进一步加强中小学管理队伍建设的意见》和《关于进一步加强教师队伍建设与管理的意见》等。这些文件搭建起了余干教育改革、振兴余干公办教育的宏观框架，同时也明晰了改革的方向和路径。

第三章

正人先正己：改革先从机关改起

彻底整顿余干县的教育现状，扭转公办教育的惨烈局势，使余干县公办教育重新获得振兴，不辜负余干县全县人民的期望，真正让余干县公办教育承担起基础教育的中流砥柱作用，是余干县教体局新领导班子以及教育主管部门的重要职责。对此，刚刚就任余干县教体局局长的段百达认识得非常清楚。他的看法其实也很简单明了：办好公办教育完全是一县教育局局长的分内之事，没什么可以讨论的。如果公办教育都办垮了，而教育局局长还能在位子上坐得住、坐得稳，岂不是开玩笑、滑天下之大稽？

但是段百达也深知，理想虽然很丰满，现实却也非常骨感。余干县公办教育发展到今天这个地步，各种陋习陈规几成顽疾，要想彻底扭转过来，绝非一朝一夕就可办到。

可是慢腾腾地改也绝对不行。动作慢了，时间一长容易形成疲惫、疲沓。改革决定一旦作出，必须坚决果断、快刀斩乱麻，在尽可能短的时间内取得阶段性成果。如此，既表明了改革的决心和态度，也树立了改革标杆。

那么，改革的第一把火要烧向哪里呢？正人先正己。段百达上任伊始，改革的第一步就瞄准了县教体局机关。

余干县教体局是余干全县教育的行政主管部门。一个县的教育办得如何，教育行政主管部门毫无疑问起着决定性作用。余干县的公办教育在当年出现全面滑坡的局面，虽然原因众多，但仅从余干县教体局彼时的状态上，就能大体看到问题的迹象。

段百达就任县教体局局长之时，余干县教体局共有员工150多人。而在我们考察余干县公办教育发展的调研期间，许多余干县教体局的工作人员都向我们提到，改革之前在教体局上班实在是太惬意了。

怎么个惬意呢？根本没人管。上班不打卡，想来就来想走就走。虽然全局有150多人，但上午来上班的也就50人左右，到了下午就只剩下了20来人。

其他人去哪里了？“有打牌的，有出去做生意的，有回去做家务的，等等。”余干县教体局副局长戴养雄向我们介绍，“当时干什么的都有。”实际上，就是剩下的那还在坚持上班的20来人的工作状态也是不正常的。他们为什么还在上班？说起来实在好笑。“这些人都是一些不打牌的，没有事做的，也不做家务的。他们来上班就是来转一转、玩一玩。”

全县教育主管部门的精神面貌和工作状态是这个样子，完全可以想见这个县的教育会是什么样子。

看到教体局这样的情况，刚刚到任的段百达毫不犹豫地就把转变教体局的工作作风摆在了第一位。

今天在余干县教体局机关、在余干县城和农村大大小小的学校，以及在很多教育系统的公文中，都能看到这样一句话："办风清气正、规范有序、和谐公平、质量优良的教育。"这句话，正是段百达在刚刚到任、开始着手整顿教体局机关工作作风之时提出来的。这句话是段百达心中办教育的应有态度，也是他所有工作的指针、标准和目标。经过 10 年的努力，这句话也成为余干全教育系统的目标和座右铭，见证了余干近 10 年来教育改革的历程和初心。

但在当时，光提出这句话自然还远远不够。教体局机关的工作作风和工作状态要得到实质性的扭转，必须依靠切实有效的改革措施。经过局领导班子的酝酿讨论，段百达迅速宣布出台了三项改革措施。

第一项改革措施是教体局各个股室全部工作人员进行重新组合。具体做法是，首先，由局里领导班子考核、确定各职能股室的股室长，根据工作性质、工作需要以及现实情况，重新设定各个股室的岗位。其次，在重新确定了股室长以及岗位之后，各股室长和全局工作人员之间进行双向选择。即各股室长可以在全局所有工作人员中为本股室选择自己中意的人，各位工作人员也可以选择自己中意的、意向中想去的股室。只有双方都同时选择了对方，才能完成股室的人员配备。

2020年我们前往余干县调研时，提起2012年的这项改革措施，戴养雄颇为感慨。作为一直主管人事工作的副局长，戴养雄全程经历了当年起步阶段的改革，也全程经历了自那之后近10年的改革，见证了余干县公办教育的改革推进与重新崛起。

戴养雄认为，双向选择是余干县教育系统人事制度建设重要的改革创新。这项措施不仅有效地激活了教体局机关，也有效地激活了余干县各个中小学校的人事安排，对余干县公办教育的再次崛起发挥了巨大的作用。“双向选择”在教体局机关首先进行实战之后，这项创新措施很快就推进各个中小学。如同放入了一条鲶鱼，立刻就沸腾了一潭死水。

在实施“双向选择”的同时，余干县教体局机关改革的第二项措施也立即展开，即“合并股室”。

段百达发现，教体局机关之所以人浮于事，其中一个重要原因就是机构臃肿。局机关下辖的各个股室，在职能上很多都存在重叠、交叉。相同、相似的工作有好几个部门的人在参与，说得好听是分工细致，实际上在运行中却是职责模糊，从而导致都能干却都不干，扯皮、推诿成为家常便饭。反正没有业绩考核，也没有问责和监督，既然干多干少一个样，那又何必去自找麻烦？局机关职能股室如此做派，受苦遭罪的自然只能是前来办事的群众了。面对林立的、看上去职能也很相似的股室，办事的群众经常被弄得一头雾水，根本搞不清楚应该找哪一个。张嘴问一问，股室里的人往往开口几个字就能把办事的群众支应得团团转，这个股室让找那个股室，那个股室又让找原来的股室……脸难看、门难进、跑断腿，办事的群众常常是楼上楼下转了一大圈，事最后还是办不成。

有的股室职能重叠，好几个人干一个人的活，好几个股室干同样的事，而有些极为重要的工作和职能却又没有单列股室，于是出现有的重要事项没人干、干不好的现象。例如职称管理，在教育系统，职称评定是个非常敏感、非常重要的工作，对于教师业务能力的评价、激励以及对全县的教师队伍建设有着不可替代的作用。但在当时，这一项如此重要的工作却没有设立专门的职能股室来承担，而是由其他股室的一个负责勤工俭学的员工在负责。这样的“兼职”能够将职称工作做到什么程度，实在不难想象。

有的事没人干，有的事很多人干最终导致还是没人干，局机关里的许多股室成了“养人”的地方，于是机构臃肿、人浮于事。对于这种现象，段百达自然无法容忍。他采取的措施也简单直接，该合并的合并，该裁撤的裁撤。例如，信访和综合治理原来分属两个股室，但其工作职能相近，在改革中就合并成了一个股室。而职称管理这项重要的工作，则从其他股室中分立出来，成立专门的职称股，从而将余干全县教育系统的职称评定工作纳入规范的轨道。

调整好了股室设置和人员配备之后，教体局机关的第三项改革措施也顺理成章地立即推出。说起来很简单，完全没有什么高深复杂之处，就是严肃劳动纪律、严格考勤制度。针对之前上班的混乱、随意，余干县教体局机关的考勤实施了早上上班、中午下班、下午上班、下午下班的一天打卡四次的制度。对于习惯了懒散的人来说，这个制度堪称严厉、苛刻。但其实，这样的考勤制度在很多地方已经非常普及，算不上是多么严厉的招数。而围绕考勤，教体局同步出台了相关制度细则，针对病假、事假、外出等均建立了规范的汇报程序。对于缺勤的处罚、满勤的奖励，也都有相关的规定。通过严格考勤，之前上班懒散的状况迅速得以改观。

就这样，通过双向选择、股室调整、严格考勤三项简单明了的改革措施，余干县教体局终于告别了过去机构臃肿、人浮于事、混乱懒散的局面，工作效率和精神面貌有了脱胎换骨的改变，全局呈现出风清气正、规范有序、士气高昂的发展态势。

对于在自己刚到任教体局局长不久就推出的教体局机关改革，段百达认为，正人先正己，如果行政主管部门的工作状态都是一副做一天和尚撞一天钟的样子，又岂能对所属单位和人员提出高标准、严要求？局机关的作风不转变，所有的后续改革措施将谈不上真正扭转余干公办教育的颓势，重振公办教育的愿望也就只会停留于愿望。

2020 年 7 月间，段百达向我们回顾余干公办教育近 10 年的重振历程时，对于余干教体局机关的改革给予了高度评价。他认为，余干教体局机关的改革看上去很简单、不高深，却准确地击中了问题的要害，相关做法也为随后在学校中开展的改革试点积累了经验。正是首先通过对局机关工作作风的改革，余干公办教育的振兴才获得了坚实的基础和发力点，即拥有了一支高效、干练的改革基本队伍。

第四章

激活一潭死水：古埠中学、古埠中心小学的改革试点

古埠中学的改革

2012 年 8 月 26 日，江埠山背初中校长朱国胜忽然接到县教体局的通知，让他到古埠中学当校长。

事先，教体局并没有和朱国胜打招呼征求他的意见。对于这样的任命，朱国胜倒也不感觉有多么突然，因为那个时候余干各学校的校长开始实行轮岗制。但是对于轮岗到古埠中学，朱国胜心中却有些犯嘀咕。朱国胜在余干教育系统多年，对余干各个学校的情况多少都有所了解。虽然有的了解得并不详细，但朱国胜知道，古埠中学近几年的情况着实有些不妙。

局里的决定当然要遵照执行。虽然有些不情愿，朱国胜还是硬着头皮去古埠中学上任了。

2020 年 12 月，朱国胜对我们讲起当年去上任的情景时，仍然充满感慨。他知道那时的古埠中学情况不好，却没想到学校死气沉沉得远远超出预料。有一件事颇能体现学校当时的状态。朱国胜发现，在他到任后，没有一个人主动来“套近乎”。

依照常理，新领导甫一上任，总是会有那么几个人主动来向领导汇报工作：介绍学校的情况，谈谈自己的工作，向新领导交交心，顺便也提点自己的要求。

“这虽然是不正之风，却终究说明他还是有点想法的，想从你这里得到点什么。可是，古埠中学当时连这种人都没有。大家各干各的，根本不把学校放在心上。”既然对学校无所求，自然对校长也无所谓了。又不指望你替他办事，也就不费那个心思“套近乎”了。

古埠中学的人对什么有所求，对什么有所谓呢？大家各干各的，又是干的什么呢？朱国胜迅速找有关老师、学生、学生家长、学校班子成员做了初步调研。结果，又是超出他的预料。

调研结果主要有以下几个方面：第一，古埠中学当时总共有学生 264 人，但是老师有 82 人，师生比严重失衡。由于人浮于事，教师队伍人心涣散，大量教师到私立学校兼职、搞第二职业，就是不愿意在本校上课。有的老师是朱国胜的同学，见到他却说：知道你来了按道理应该支持你的工作，但是你也知道现在的大环境，家里负担重，你照顾一下，别太严格要求。

第二，学校领导班子臃肿。朱国胜发现，就这么一点儿人的学校，校管理层成员居然有 19 个。要说领导团队强大吧，其实根本没什么战斗力和领导力。当时学校有 5 位副校长，朱国胜到任后，没有任何人主动来接洽学校工作。朱国胜分别与他们谈话，沟通交流学校的发展，商讨下一步的工作思路以及各自的分工。但让他没想到的是，其中有几个人以各种理由拒绝接受工作安排，诸如儿子读书需要照顾，老婆没有工作想在外面兼职多挣点钱，等等。有的人还在外面包了 100 亩地要种，要求朱国胜把他当普通老师用，尽量别去管他。有一人甚至说混混就得了，那么认真干什么？

第三，学校基础条件根本无法满足办学要求。朱国胜到任之后发觉，古埠中学的校园极为破败，教室以及办公用房很多都年久失修，透风撒气。学生的课桌椅缺胳膊少腿，也就是凑合能坐而已。校园之内无人打理，杂草丛生、垃圾遍地。尤其是整个学校没有围墙，校园处于完全开放状态，可谓彻底地“开放办学”。而学校没有围墙，既不利于管理学生，社会上的闲杂人员也能很便捷地到校园中游逛，从而导致打架斗殴时有发生。

学校不光没有围墙，朱国胜还发现，古埠中学也没有学生宿舍。农村学校缺乏学生宿舍，在当时余干的各个学校中是一个普遍现象，并不是古埠中学所独有。但没有学生宿舍是影响生源的一个很重要的因素。

朱国胜的调研结果显示，古埠中学的学生大约 80% 是留守儿童。这个比例与其他公办农村学校相仿。

这些学生的父母基本上常年在外打工。由于家里孩子无人照料，他们迫切需要学校能够承担起对孩子的管束、照顾。正是基于这种实际情况，学校有无宿舍、是否可以寄宿，在很大程度上就成为家长选择让孩子去哪所学校上学的决定性因素。余干纷纷兴办的那些民办学校，也往往将有宿舍、可寄宿作为招生的巨大优势大力宣传。虽然民办学校在学费、饮食等方面的各种开销明显高于公办学校，学生家长却也因照料孩子的刚性需求，不得不咬牙坚持把孩子送到民办学校就读，被逼无奈地加重了负担。

领导团队人心涣散、教师队伍人浮于事、学校基础设施太差等一系列困难，使刚到任的朱国胜心里凉了大半截。想到前景渺茫，工作也无从开展，朱国胜心生退意。

2012 年 8 月 30 日，按照计划，这一天应该召开全校教职工大会，新校长将正式露面，在全校教职工面前讲解自己的工作设想，布置安排今后的学校工作。眼看着这个时间就要到来，朱国胜的心情变得异常焦虑。

8 月 29 日晚上，经过思前想后、举棋不定的反复折磨，朱国胜终于还是拨通了段百达的电话。他决定辞职。

得知朱国胜的想法后，段百达立刻意识到了问题的严重性。一个刚任命才几天的校长要辞职，这在余干教育史上还是前所未有的事。他立即让朱国胜马上到局里面谈。

29 日晚上 10 点，朱国胜到达县教体局。一进会议室，他就感觉到了气氛的凝重。他发现，在会议室等着他的不只有段百达局长一人，书记和分管人事的副局长也到场了。大家脸上无一例外地显露凝重之色。

心中忐忑的朱国胜，把了解到的古埠中学的情况，向局长、书记等三人作了简短汇报。看着焦虑不安而又满含愧疚的朱国胜，段百达并没有发火，他知道，他到余干教体局之后所设想、推动的重新让余干公办教育崛起的改革，到了必须摊牌的时候。

段百达没有接受朱国胜的辞职。他严肃地对朱国胜说：我们三人在这里与你谈话，不是以个人的名义，而是以余干县教体局党委的名义。古埠中学的情况局里有所了解，我们也认为你确实碰到了困难，理解你的难处。但是局党委不会接受你的辞职。你不仅要按照计划继续去古埠中学当你的校长，而且要在学校开始改革试点，将局里的改革计划不折不扣、扎扎实实地推进下去。

段百达当机立断，代表局党委宣布：比照教体局机关实施的人事制度改革，立即在古埠中学启动人事制度改革试点；同时，教体局也成立古埠中学人事制度改革领导小组，分管人事的副局长任组长，校长朱国胜任副组长。

段百达同时还决定，第二天，也就是 8 月 30 日，古埠中学全校教职员工大会按计划照常召开。在这次会上，正式宣布启动改革，同时也公布改革的具体实施方案。

8 月 30 日早上，古埠中学全体教职员工大会如期召开。习惯了开会拖拖拉拉的学校员工，突然发现当天的会议气氛与以往有些不同。到会的不仅有新任命的校长朱国胜，还有县教体局的几位主要领导。

今天回头去看，在余干县公办教育重新崛起的 10 年改革历程中，古埠中学的这次会议有着极为重要的意义。以这次会议为标志，余干县的公办教育改革开始深刻切入基层学校教育的痼疾。一系列的改革措施也从此开始逐步在全县教育系统推开。

会议一开始，段百达就代表县教体局党委宣布在古埠中学启动实施人事制度改革试点。根据改革实施方案，古埠中学人事制度改革将从以下几个方面展开。

第一，改革学校的管理干部队伍。古埠中学现有 19 名各个岗位的管理干部，除了刚任命的校长，其余的18位，包括5名副校长以及所有中层干部，全部推倒重来。依照“德、能、勤、绩、廉”5个方面，让全体教师投票。依据得票多少，同时结合教体局对干部的考核情况，对学校的管理干部进行彻底精简，一步到位地解决人浮于事、领导机构臃肿的弊端。

第二，班主任也全部推倒重来，实行竞聘上岗。

第三，班主任和任课老师实行双向选择、竞聘上岗、科学设岗。即班主任选任课老师，任课老师也选班主任。

例如，古埠中学当时只有9个班，9个班主任实行竞聘上岗后，各个班主任可以选择自己班的任课老师。而当时学校有教师82人，除语文、数学、外语这3门主科可以给每个班各配备1名任课老师外，其他科目的岗位其实不需要那么多的教师。所谓“人多粥少”，岗位有限而教师富余，从而以岗位为中心，在教师间形成了竞争。一个教师若要获得岗位，必须经过班主任选择这一关，只有班主任选择了他，他才有上岗的可能。这样实际就形成了以班主任为中心的组建教学团队的机制。班主任自然要为自己班级的教学绩效负责，因此他必然在自己班级的任课老师选择上慎之又慎。他不仅看重任课老师的教学水平，还会看重老师的工作态度。这名老师工作是否认真、负责，是否勤勉，甚至是否容易合作，都会纳入班主任的考虑范围，也都会直接决定这名老师能否顺利地获得教学岗位，取得上岗机会。

反之也一样，老师也在选择班主任。责任心强、工作认真、有事业心、与人为善、人品好、容易合作的班主任，自然就会被更多老师选择。而根据此次人事制度改革的设计要求，只有双方都选择了对方，岗位才能成立，个人才有岗位。

第四，对于投票以及双向选择后没有岗位的人员实行待岗，其中 10% 的人分流到农村小学、边远地区的学校执教。

人事制度改革的相关规定一颁布，以前仿佛如一潭死水的古埠中学立刻炸开了锅。每个人都切实感受到，这次的改革不同以往，是动真格的了。当天的投票极为热烈，大家虽然口中不说，脸上的表情却透露了对改革的期望。

经过相关程序，通过此次人事制度改革，古埠中学的 5 位副校长一下子被淘汰下了 3 位；82 位教师中有 32 位因为双向选择没有被选择而失去了岗位，进入待岗状态，其中有 3 人根据改革方案被分流到边远地区的农村小学支教。

古埠中学的人事制度改革，可以说是在死寂的潭水中放进了一条鲶鱼，让整个池塘立刻剧烈翻腾起来。当然，余干县教体局以及校长朱国胜也知道，仅此还不足以保持改革的势头，不足以将改革的成果深化、巩固下来。在大的改革规划之后，还需要确定更加细致、周密的细则。为此，在县教体局的指导下，古埠中学迅速制定出台了一系列制度，以固化改革成果。除考勤制度、教学管理制度、教学评价制度、绩效工资分配制度等，学校对待岗人员制定了跟班学习制度等规定，有效地解决了此前教好教坏一个样、教多教少一个样、教与不教一个样的痼疾，形成了能者上庸者下、大家一门心思干事业的良好氛围。

既然是改革，就不会一帆风顺。获得岗位的人喜上眉梢，没有了岗位的人自然极不甘心、心怀怨恨。让朱国胜印象很深的一件事是，有一位失去岗位的老师对竞聘结果有很大意见，认为不公平，甚至怀疑学校在竞聘过程中做了手脚。这位老师三番五次地找校长理论，也多次去教体局申诉，甚至要求查看投票结果。

对于这样的问题，县教体局和学校都表现出了极大的克制。他们知道，改革刚开始，还属于启动阶段，对所出现的问题如何解决，将会为今后改革在全县教育系统的铺开产生巨大的示范效应。处理好了，必将显著地推动改革的深化；一旦处理不好，也会对后续工作造成巨大阻力。一切取决于改革推动者是否有博大的胸怀，是否能够顶住误解乃至谩骂，合理公正地把问题彻底化解。

正是在这样的关头，余干教育改革者展现出了高超的改革智慧。针对相关人员的诉求，余干县教体局启动了相关调查程序，让监察组进驻调查，同时也让相关人员按照程序查验投票考核情况。

由于程序严密、应对公开公正，反对意见很快便偃旗息鼓。古埠中学的人事制度改革成功地迈开了第一步。

古埠中心小学的改革

在古埠中学紧锣密鼓地开启改革的同时，人事制度改革也在古埠中心小学拉开帷幕。

在余干县的农村小学中，古埠中心小学是一所规模庞大的学校，下辖 29 所农村完全小学（以下简称村完小）。鼎盛时期，古埠中心小学共有学生近 8000 人。但是从 2002 年开始，古埠中心小学同样遭遇了民营学校的巨大冲击，学校人心涣散，老师无心上课，破败的校园也留不住有意求学的学生，学生开始迅速流失。截至 2012 年，古埠镇全镇公办小学学生人数下滑到 1000 人出头。有的村完小仅剩几个孩子就读。还有几所村完小，因为没有孩子来入学而不得不关门。整个古埠镇的公办小学教育面临着全面崩溃的局面。

就在这千钧一发之际，一个扎根农村教育 28 年的小学校长临危受命，肩负起重新振兴古埠中心小学的重任。这位校长就是史南城。

2001 年，28 岁的史南城通过竞聘就任九龙乡中心小学校长。当年的九龙中心小学因为地处农村、缺乏投入等，办学条件差，校园极为破败。但是史南城没有气馁。他对内优化环境，向上争取支持，使各村完小基础设施逐步改善。几年之内，校园校风发生巨大变化，校园文明蔚然成风，师生面貌焕然一新。2006 年新学期伊始，史南城又调任三塘中心小学任校长。凭着一股献身农村教育的执着，通过艰苦努力，他再次让本已沉沦的学校起死回生。

史南城扎根农村教育的奉献精神和脚踏实地、卓有成效的工作成绩，在整个余干县公办教育中显得独树一帜，也深深打动了余干县教体局局长段百达。彼时段百达刚刚到任县教体局局长没多久，面对余干县千疮百孔的公办教育，亟须打开局面、启动改革，急需将改革措施落实到位的得力人选。在余干农村小学从教 28 年、当了 20 年小学校长的史南城，进入了段百达的视野。

2012 年 8 月，余干县教体局将史南城调往古埠中心小学任校长。这个全面沉沦中的学校，终于迎来了转机。

史南城就是古埠镇当地人。生他养他的家乡，小学衰败、破落成这个样子，史南城看在眼里痛在心里。面对教体局领导对他的殷切期望，史南城下定决心再次放手一搏。

可是，下决心容易，如何着手去做、从哪里打开突破口却颇费思量。此时，发生在学校里的两件事深深地触动了史南城。

那是他到任不久后的一天，一位村完小校长找到他。刚一见面，这位校长就直接明了地说明来意，他要求史南城把他所在学校的一位老师调走。他说，原来这所村完小有200多孩子，现在只剩下了十几个。如果不调走这位老师，这十几个孩子肯定也要流失，他所在的学校就真的要关门了。

听到情况这么严重，史南城立刻让这位校长详细介绍了事情的来龙去脉。原来，这所村完小有一位民办转公办的老师，在学校工作了20多年，也上了年纪。但是这位老师的工作态度很差。学校9点钟上课，他经常9点半、10点才到校。进了教室也是仪容不整，裤腿时常挽起来小半截，腿和鞋子上还沾着泥巴。村完小的老师很多家里都有地要种，这位老师显然是利用上课前的时间去自己地里忙活去了。由于农活劳累，这位老师上课时也是无精打采，授课效果自然可想而知。

史南城知道，这样的老师肯定是不适合教学工作的。他给这位校长出主意，先将这位老师调离教学岗位，暂时让他去厨房烧饭。因为学生少，用不了那么多老师，同时由于经费紧张，也无力另外聘请厨师，正好内部可以优化调配一下。

可是没几天，那位完小校长又来了。他向史南城诉苦道，内部调岗的办法彻底失败了。那位老教师倒是服从安排去烧饭了，可他烧饭要么菜里忘了放盐，要么把干饭烧成了稀饭，明摆着是故意找别扭，让你心里窝火还又发不出来。完小校长哭丧着脸对史南城说："你还是把他调走吧。有他在，学校真是没法办啊！"

史南城当然也想把他调走，但是能调到哪去呢？如果是在私立学校，这样的老师肯定要被开除了。但公办学校的人事制度无法与私立学校相提并论。对于这样出工不出力甚至故意乱出力的老师，史南城即便恼火却一时也没什么办法。

除了这个老师，还有一位老师也让史南城备感头痛。同样是一所村完小，学生流失得只剩下了不到10个人，老师却有6位，师生比严重失衡。而附近的另一所学校虽然也存在师生比严重失衡的问题，情况却正好相反，老师同样有6位，学生却有100多人。正所谓旱的旱死、涝的涝死，有的学校人浮于事，有的则人不够用。史南城很自然就想到了在校际进行师资调配，他想把那所只有不到10个学生的学校的老师，调配几个给有 100 多个学生的学校。

可让他没想到的是，看上去简单的调配也进行不下去。有一位老师死活不愿意调到别的学校。而面对这样的老师，史南城依然无可奈何。

上任伊始就连续遭遇挫折，这在史南城的从教生涯中并不多见。不过，挫折虽然让他恼火、憋闷，却也激起了他的倔强。他意识到，仅凭一腔热血和冲劲、干劲是不行的，工作要想打开局面，古埠中心小学要想重振往日辉煌，必须另辟蹊径，针对现实情况找到切实可行的办法。史南城静下心来，开始认真审视他面临的局面。

为了摸准学校的脉搏，找到公办学校衰败的真正原因，史南城按照自己的老习惯展开了走访。通过走访学校老师、学生、家长以及各行各业人士，史南城发现，古埠镇的公办小学萎缩的原因大体有这样几个。第一，有城镇化发展的因素。随着经济的快速发展以及城镇化建设的提速，农村的基础教育越来越落后于城镇，难以满足农村孩子的求学要求。第二，有民办学校的蓬勃兴起给公办教育带来巨大冲击的原因。史南城也看到，民办学校的兴起虽然有国家政策支持等大环境的因素，但总体来说，公办学校的萎缩还是因自身没有切实到位地承担起教育重任，从而为民办学校留下了巨大的发展空间。第三，由于各种现实原因，古埠镇各个公办小学的老师普遍涣散萎靡，心思不在教学上。他所碰到的两位老师的情况，就较为典型地暴露了教师队伍存在的问题。而要重振古埠中心小学，没有一支精神昂扬向上、热心教育事业的教师队伍是根本不行的。教师队伍的素质和精神状况，直接决定了公办教育的质量和水准。

基于自己的分析，史南城认为，城镇化发展以及民办学校的兴起他不能左右，但改变教师队伍的精神面貌，激发教师敬业爱岗的责任与干劲，通过努力和机制设计是能够做到的。

史南城作出决定，他上任之后的第一个重大改革动作，就放在人事制度改革上。工作虽然千头万绪，但尽快激活教师的信心和活力，无疑是当前最迫切、最重要的工作。这也是其他工作渐次展开、切实推进的基础和保障。

该如何启动人事制度改革呢？同古埠中学的做法一样，史南城同样想到了“双向选择”。但是在具体改革方式上，史南城的做法与古埠中学稍有区别，他在古埠中心小学全系统推行的是学校和老师之间的双向选择。

具体做法是：首先，古埠中心小学下属各村完小的校长，全部推倒重来，实行竞聘上岗。史南城下定决心，每个村完小的校长都必须是真正热爱农村教育事业的校长。如果一校之长都没有个校长的样子，没有把心思用在学校发展上，学校要想搞好根本无从谈起。那些整天混日子、毫无进取心和责任心的人，必须离开校长岗位，腾出位置让想干事能干事的人上。

解决了校长人选之后，史南城设想的“双向选择”才真正展开。按照相关设计，在古埠中心小学所属编制之内，校长可以选择自己中意的任课老师，老师也可以选择想去哪个学校任教。只有双方都选择了对方，教学岗位方才成立。

正像史南城预计的那样，“双向选择”如同一条鲶鱼，立刻激活了原本一潭死水的古埠中心小学。每个校长都想选到自己心仪的老师，每个老师也都想去自己心仪的学校。岗位虽然就在那里，却并不是唾手可得的。好学校、好岗位总是稀缺的，只有态度端正、认真教学、踏实肯干之人，才有可能获得教学资格和岗位，才有可能到好的学校。这就使得在古埠中心小学系统内部，形成了竞争上岗的氛围和机制，彻底改变了原来干好干坏一个样、反正都有岗位吃饭的局面。

古埠中心小学在本系统之内施行的“双向选择”改革，就如同一种筛选机制，将好老师筛选出来，将好学校、好岗位向热心干事业的人敞开了大门。令史南城印象深刻的是，“双向选择”实施之前，一位优秀教师多次提出申请想去某个区域位置和环境较好的学校，但申请了多年一直无法达成心愿。而

“双向选择”施行之后，这位老师没有送礼更没有托人情打招呼，很顺利地去到了他向往的学校。当得知自己终于如愿之时，这位老师激动得竟然不敢相信。

按照史南城的设想，“双向选择”作为一种竞争机制，有竞争自然也就会有淘汰。当时古埠中心小学系统内共有205位教师，教学岗位却只有202个。显然，有3人会被淘汰下来。如何安排这3个被淘汰下来的人，成为史南城必须面对的难题和挑战。对此，史南城心里有所准备。在改革制度设计上，也作出了相应安排。其办法是，让淘汰下来的人待岗并跟班学习，以待第二年继续参加“双向选择”。如果这些人的工作态度和业务能力得到认可，他们仍然有机会在来年获得教学岗位。但是在待岗期间，他们的工资要打折扣，以补偿工作量不满所造成的学校损失。这样的机制改革，从根本上改变了不思进取、旱涝保收的懒散局面，形成了态度端正、专心教学、你追我赶的教学氛围。

激活教师队伍、打造良好的教学秩序，仅仅是古埠中心小学改革的第一步。史南城知道，要想让流失的学生回来，除了向学生以及学生家长展现出不同以往、积极进取的师资队伍，还需要更加耐心细致地做好宣传说服工作。为此，在人事制度改革取得阶段性进展之后，史南城组织骨干力量，利用节假日、寒暑假以及新学年招生时机，分头深入到学区详细了解学生流失的原因，千方百计地劝说学生回归公办学校，让学生和家长重新树立起对学校的信心。

与此同时，史南城也开始注重加强学校的硬件建设。他深知如果学校破破烂烂，让人一看就直摇头，学生和家长岂能对学校有信心？他积极地向县教体局争取支持，同时想尽各种方法自筹资金，有计划地分期、分批改造校园、校舍，缺厕所的建厕所，没有围墙的建围墙。针对学生及家长较为迫切的住校和食堂需求，史南城在上级的支持下，在古埠中心小学所属各村完小均建起了宿舍和食堂，极大地解决了学生和家长的后顾之忧，在硬件上取得了与民办学校竞争的资本。

让学生回得来、留得住，依然是基础性工作。在史南城看来，让学生有的学而且学得好，才是一所学校最强大的吸引力和竞争力。与人事制度改革紧密配套，史南城在古埠中心小学全系统近 30 所小学全面展开了教学教研改革，“走出去，请进来”，以崭新的教学理念，改革改进教学方法和教学内容。

在德育建设方面，史南城根据自己多年的教学经验和体会，创造性地总结、提炼出了“1+N”德育课程体系，以实现他“为孩子的幸福人生奠基”的办学宗旨。“1”是指突出“全面发展的人”这一核心；“N”是指学校根据“人文底蕴、科学精神、学会学习、健康生活、责任担当、实践创新”六大素养，结合校情、学情特点确定的德育课程内容和实施策略。

经过艰苦努力，以人事制度改革为突破口，教师队伍建设、学校硬件建设，以及教学教研、德育体系建设齐头并进，在较短时间内，古埠中心小学就显著扭转了古埠镇公办教育的颓势。2013 年，即史南城就任古埠中心小学校长仅一年之后，就有 1000 多名学生回流到公办学校；2014 年，回流了 1000 多名学生；2015 年，又回流了 1000 多名学生。截至 2019 年，古埠中心小学本校及所属各个学校，学生人数已突破 5000 人。

史南城以自己辛勤的汗水，实现了古埠镇公办学校的起“失”回生，扭转了公办教育衰败的局面，成为余干县公办教育再次振兴的典型写照。

第五章

重建评价体系

在段百达上任余干县教体局局长之时，重振余干公办教育其实已经成为各方共识。但是人们也都知道，这一愿望说起来容易做起来难。如何重振？从何入手？一旦深入细微之处，各种困难和挑战就接踵而来。纷繁复杂、头绪繁多。

经过深入调研，以段百达为首的余干县教体局新领导班子迅速统一了认识。他们认为，尽管余干公办教育发展到全面衰败的地步是多种原因造成的，但最为主要的原因是人心涣散。余干公办教育的衰败，首先是因为教育队伍出现了瓦解。如果不尽快建立起一支强大的、积极向上的教育队伍，重振余干公办教育也只会是一句空话。

根据初步调研，当时余干县有公办教师 6800 多人，其中有 1200 多人两头拿工资，在公办学校和私立学校两头兼课。更为恶劣的是，其中还有不少人身在曹营心在汉，不仅主要精力没有放在公办学校的教学上，还为私立学校通风报信，替私立学校挖公办学校的墙脚。这样的情形，余干县教体局新领导班子显然是无法容忍。

但是对这样的情况，余干县教体局新领导班子也知道其来有自，并不能完全怪罪基层普通教师。长期以来，余干县教育系统的评价体系实际上早已形同虚设，客观、公正、科学、严格的评价荡然无存，在很大程度上伤了教师队伍的心，使大批教师对公办教育失去了信心。因此，重振余干公办教育，首先要让余干的教育工作者重新找回信心。而找回信心的最有效的办法，则是重建教育系统的评价体系。

基于这样的认识，段百达就任之后在很短时间内，就与局领导班子一起，重新梳理拟定了新的考评方案。

今天看来，这个新的考评方案，对重新激发余干教育工作者的信心和工作激情、重振余干公办教育发挥了显著作用。在随后近 10 年的改革发展中，考评方案经过不断的修改、完善，总的框架和思路依然延续下来，成为余干公办教育发展的重要规范性制度设计。

简单而言，余干县教体局新的考评方案主要由两部分组成，一是“三项考核制度”，二是“三项考试制度”。

三项考核制度

三项考核制度分别针对的是三类人员：全县实施绩效工资制度的义务教育阶段学校的校长、县直属幼儿园园长；全县公立学校经县教体局任命的中层及以上学校干部（不含校长），也就是学校的管理人员；全县公立学校所有在编在岗的中小学教师（含服务期内的特岗教师等）。

按照余干县教体局的设计，在教体局机关的人事制度改革暂告一段落之后，首先启动的就是对各个中小学校长的考评。因为一个学校办得如何，一校之长所起的作用无可替代。

考评的内容主要包括校长的工作态度、管理水平、工作绩效等方面。主要依据是全县综合考评情况以及县教体局组织的民主测评情况。

首先，以参加考核的校长总数为基数，将考评结果分为四个档次：一档，20%；二档，50%；三档，20%；四档，10%。

其次，校长考评得分 = 学校年终综合评估排位得分 + 学校民主测评得分。

再次，全县年终综合评估排位，权重分定为 80 分。以前一年度为参照，本年度全县年终综合评估排位若保持不变，得 64 分；每进一位再加 3 分，直到加满 80 分为止；每退一位减 3 分，不设下限。

最后，民主测评，权重为 20 分。民主测评结果中，优秀率达到 90% 的，得 18 分；以此为基础，每下降两个百分点，扣 1 分；优秀率低于 70% 的，直接归入第四档。

除此之外还规定了下列内容。

一是参加校长民主测评的教职工对象包括：中学或县城小学的全体教职工；农村中心小学所辖完小的校长、副校长与教导主任（如农村中心小学所辖完小在5所以下的，中心小学所在地小学全体教师也参与测评）。

二是一学年内承担了考试科目（指初中语文、数学、英语、物理、化学，初三年级政治、历史、地理、生物，小学语文、数学）教学任务的校长，加5分。

三是一学年内接受全局性“急、难、险、重”工作任务并取得较好成绩的学校，经学校申报、局考核工作小组认定，一次可为校长加2分。

四是学校代表本县参加国家、省、市、县比赛组织有力、成绩优异（限获前三名或一等奖）的，集体项目每次可分别为校长加7分、5分、3分、1.5分，个人项目折半，同一项目只取最高加分值，不重复加分。本项总加分不超过10分。

五是因工作不力，学校出现安全责任事故的，或出现教师集体上访、越级上访的，或出现教师违规补课、强制学生购买教辅资料、利用排座位“索拿卡要”，或擅自允许教师脱岗的，或出现违规收费的，每例扣校长5分。

以上是对校长的主要的绩效考核办法。在我们调研期间，余干教体局副局长戴养雄对我们说：2012 年该考评办法实施的第一年，就有两个校长因考评不合格而引咎辞职，一下子就震动了余干县各个中小学校。

考评完校长，紧接着考核的就是学校的管理人员。考评内容主要是学年教育教学绩效以及学年度行政工作情况两部分，权重各占 50%。

学校管理人员教育教学绩效的考评与教师的考评相同，对于管理人员而言，一项很重要的工作内容是行政工作的情况。对于这一部分工作，余干县教体局的考评方案主要通过工作量、工作表现、工作业绩和廉洁自律等四部分内容，紧紧围绕“德、能、勤、绩、廉”五个方面展开。

“德”：主要包括政治态度、大局意识、责任意识、服务意识、遵纪守法、群众观念、精神状态、团队精神、人格魅力等情况。

“能”：主要包括业务能力、科学决策能力、组织协调能力、破解教育难题能力和工作效率等情况。

“勤”：主要包括在岗在位、值日值班、遵守规章制度情况；参加理论、业务学习、教研教改及其他活动情况；深入课堂、师生，兼课听课和挂钩管理年级、学科教研组（中心小学班子成员挂点蹲校）情况等。

“绩”：主要包括承担的工作任务、履行岗位职责所取得的工作实绩，发挥的具体作用，以及个人的教育教学效果和教科研成果等。

“廉”：主要包括遵守党政领导干部廉洁自律的各项规定，以身作则，不以权谋私，不拿原则作交易，勤俭办学等。

具体的考评方式、办法如下。

一是管理人员教育教学绩效考评的方式、办法与教师考评相同，其评价结果分为一、二、三、四档，分别赋分 90 分、70 分、60 分、50 分。

二是管理人员行政工作按情况考评以民意测验的方式进行，以 100 分计算，其中校长评价占 10 分，教职工评价占 90 分。

三是参加管理人员民主测评的教职工对象包括：中学或县城小学的全体教职工；农村中心小学所辖完小的校长、副校长与教导主任（如农村中心小学所辖完小在 5 所以下的，中心小学所在地小学全体教师参与）。

四是对管理人员考评的民主测评部分，由校长填写《校长评价学校管理人员评分表》，参与民主测评的教职工填写《学校管理人员民主测评表》。

五是在分管工作中，为学校在国家、省、市、县竞（比）

赛中取得优异成绩作出重大贡献的，经学校申报、县教体局认定，集体项目每次可分别加 7 分、5 分、3 分、1.5 分，个人项目折半，且同一项目只取最高加分值，不重复加分。

在三项考核方案中，关于教师的考评是规定得最为细致的。因为教师与学生接触最为密切，教师的一言一行将直接影响到学生的行为，也将最为直接地在教学结果上反映出来。

对于教师的评价内容、权重和方式，在大的方面分为定性打分和定量打分两大部分，同时又细分为师德表现、执行常规、培训与教研、考勤、工作量、教育教学业绩六个部分进行展开。

定性打分主要是师德表现（权重 10 分），具体从以下十项内容考核。

一是忠诚党的教育事业；模范遵守国家法令、法规及学校各项规章制度；服从学校工作安排，大局意识强，团结协作，爱岗敬业。

二是自觉抵制各种不健康思想的侵蚀，远离“黄赌毒”；不散布小道消息，不参加邪教、封建迷信活动，不越级上访。

三是不外出兼职、从事第二职业，不进行有偿家教；不向学生推销或派购教辅资料、学习用品或以编座位为名而谋取私利；不暗示、诱导、威逼学生参加课外辅导班。

四是主动与家长联系，勤家访，认真听取家长建议，取得家长的支持与配合；不指责训斥家长；不轻易接受家长的馈赠和吃请，不通过学生家长办私事。

五是在工作时间内，不进公共娱乐场所，在校不进行打牌、打麻将、上网聊天、玩网游等影响工作的娱乐活动；在办公室不做与教育教学无关的事情。

六是衣着整洁得体，语言文明健康。

七是尊重领导，团结同志；与人为善，和谐共事。

八是在课堂上不抽烟，不接打手机，不接待来访；工作时间内不喝酒，不带酒气进教室。

九是热爱学生，热情主动地关心学生的生活和学习；对学生以正面教育为主，不对学生实施体罚或变相体罚，无讽刺、挖苦、歧视、侮辱学生及随意停学生课的现象。

十是作风正派，与异性学生交谈注意场合和方式。

定量打分项目，主要有以下五项。

一是“执行常规”，为15分，细分为备课、课堂教学、作业与测试、辅导与教研四个小项。

二是“培训与教研”，为5分，细分为学历达标与提高、参加培训、教科研三个小项。

三是“考勤”，为10分，细分为上课、教研活动、例会及课外活动、坐班或下班辅导四个小项。

四是“工作量”，为 20 分，细分为课时工作量、行政工作量、辅导岗位工作量三个小项。

五是“教育教学业绩”，为 40 分，细分为班级工作成绩，任教班学生成绩三率（优秀率、及格率、巩固率），辅导、指导学生参加竞赛成绩，课题研究，教育教学论文发表或获奖五个小项。

确定好评价内容之后，就进入评价环节。按照相关规定，教师的考评采用“自评与校评”“学期评与学年评”相结合的方式进行。自评每学期进行一次，校评每学年进行一次。

根据教师绩效综合评价量化积分高低，教师的教育教学绩效综合评价划分为四个档次，以所有参加评价的人数为基数计算，四个档次的教职工占比限定为：一档，20%；二档，50%；三档，20%；四档，10%。

评价结果出来后进行校内公示，时间不少于三天。公示无异议后，相关评价情况表上报县教体局人事股备案。

以上是余干县教育系统三项考核制度的主要内容。从相关设计来看，三项考核制度非常完备、细致，几乎涵盖了教育教学的所有工作内容。严格按照评价内容去进行评价，可以清楚、直观地呈现一个人的工作状态，勾勒出这个人的工作画像。自己的工作状态公开呈现在全体教职员工面前的时候，对相关人员的触动、激励，也无疑是深刻的，这对自觉地纠正先前的行为方式，起到了显著的促进作用。

除了利用“三项考核制度”对教育工作者队伍的行为方式进行管理、规范外，余干县教体局还尤其重视过程督查。因为人都是有惰性的，抓得紧一点、严一点，短期的效果可能就会好一点。但是稍有放松，也很可能故态复萌。为了使自律成为习惯，让制定好的规章制度真正融入教职员工的日常，余干县教体局的过程督查采取了“三不政策”，即不打招呼、不定人员、不定时间，随时随地都会进行随机的督查。这个举措有效保证了相关考核制度的切实落地，使教职员工对制度的敬畏、遵守形成常态化。

准确、公开地考核、呈现个人的工作状态，其最终最重要的一步，即对于评价结果的运用。

根据评价方案的规定，对教师、管理人员、校长的考评结果，是衡量各自工作成效的重要依据，将在全县教育系统评优评先以及岗位聘任、调动、晋职、晋升和奖励两个方面直接体现出来。

在评优评先方面，学年考评的结果占到60%的权重（此前所有老师不管几档都可评优评先，后进行了优化）。如果学年考评没有进入第一档、第二档，也就没有资格被列为评优评先的学校推荐对象。

连续三年被评为一档的教师，在聘任、调动、提拔使用时，同等条件下优先考虑。评价结果列为第四档的教师，下一学年内将不予职称晋升、聘任，不予逆向调动工作岗位。考核结果列为第四档的校长和其他管理人员，必须向教体局作出书面情况说明。连续三年考核结果列第四档且没有进位变化的校长及其他管理人员，应引咎辞职。

考评结果除了会影响到职位、职称等方面，还会影响到绩效工资。列为一档的教师和管理人员，其奖励性绩效工资为全县所发奖励性绩效工资的平均值 ×120%。列为二档的，为全县所发奖励性绩效工资的平均值；列为三档的，为 90%；列为四档的，为 80%。校长的奖励性绩效工资统一由县教体局发放，同样根据四档的相关标准予以发放。

由以上对余干县教育系统的考评方案简述可以很清楚地看到，余干县教体局人事制度改革的一个极为重要的思路，就是以考评为杠杆，显著撬动相关人员的职位、职称以及薪酬，从而撬动起人的工作积极性和责任心。彻底改变之前懒散、懈怠的工作状况，彻底扭转干多干少一个样、干好干坏一个样的歪风邪气。

三项考试制度

如果说“三项考核制度”意在解决工作人员的绩效评价问题，那么“三项考试制度”则重在为相关人员的提拔任用、晋职调动、教师招聘等提供科学的依据和严密、公开、公正的程序。此前，余干县教育系统内部的调动以及外部人员招聘混乱、无序，请客送礼、托人情、找关系、打招呼等行为普遍存在。这样的状况，致使原本急需的合格教师招聘不来，内部不安心工作的懒散冗员淘汰不掉，败坏了整个教育系统的风气。

鉴于此种局面，以段百达为首的余干教体局新领导班子下决心根除这一困扰多年的痼疾。在制定、实施“三项考核制度”的同时，推出了“三项考试制度”。

所谓“三项考试制度”，是指教师招聘必须考试、县城学校选调教师必须考试、校长进入后备人才库必须考试。

第一项考试制度，即教师招聘必须考试。具体来说则是，在教师招聘的时候，除了按照相关规定由省里进行统一的综合课和专业课笔试之外，余干县教育行政机关还联合县里的用人单位一起，对通过笔试且有意向到余干县教育系统工作的应聘人员进行一轮面试。

乍看上去似乎没什么稀奇之处。面试在许多招聘领域早已经普遍实施，而且面试也不能就保证彻底解决公平公正的问题。在生活中经常发现，许多面试看似严肃郑重，该走的程序一个不少，却依然出现大量的弄虚作假：招聘的名额早已内定，面试变成了走过场，所谓的规范程序变成了堵别人嘴。余干县教体局新领导班子当然深知此种情况的存在，那么，他们又是采取什么措施予以杜绝弄虚作假，从而保证自己组织的面试是客观、公平、公正的呢？

他们采取了三个措施。

其一，所有面试的评委全部从外面请，余干本地人不能担任评委。依靠这个措施，尽可能从源头减少乃至杜绝人情、关系、面子等因素对招聘工作的影响。

其二，面试的场地放在高考考场，用监督高考的标准，全程监督面试过程。

其三，余干县以及教体局纪检系统的各个部门全程参与监督。一旦发现问题，就绝不是以前隔靴搔痒地批评几句就能完事了，而是要面临纪检的严肃审查、处理。

第二项考试制度是县城学校从乡镇农村学校选调教师必须经过考试。县城的生活和工作条件都相对优越，因此在乡镇农村学校任教的老师，很多都希望能调到县城的学校工作，这是可以理解的人之常情。

但是，调谁不调谁存在很大变数。之前没有考试制度的时候，选调教师基本上被人情、关系所左右。经常出现认真教学的老师调不上来，偷懒耍滑的反而给调到较好学校的情况。这极大地伤了广大教师的心，更造成正不压邪的风气。

为了杜绝此种情况，余干县教体局新领导班子提出了“凡进必考”的硬性措施，县城选调教师必须经过考试，就是“凡进必考”的具体体现。

为了保证公平公正，“凡进必考”的考试程序和监督与上述教师招聘的程序完全一样，必须经过笔试、面试，纪检部门也同样进行全程监督。

很多事情不是不能做好，关键是你愿不愿意去做好、是不是真正想办法去做好。余干县选调教师必须考试，就是再次的证明。“凡进必考”措施一经推出，效果可谓立竿见影，在很大程度上刹住了之前选调过程中形成的歪风邪气。戴养雄对我们提及这样一件事：第一年考试之后有两位农村学校的老师考取了，但是当戴养雄把消息通知他们的时候，两位老师的反应居然出奇地一致，不约而同地脱口而出：“真的假的？”他们不敢相信这是真的，以为是在和他们开玩笑。放在以前，像选调到县城这样的好事，不说求爷爷告奶奶，最起码也要送点礼，否则想都不要想。如今居然不花一分钱，凭考试成绩就能实现选调到县城学校的梦想，反差如此强烈，反而令人有点不习惯。

“从这个事上就完全能看出，以前选调工作的混乱、不公对农村最基层的普通老师，对那些老实巴交没关系没后台但工作踏踏实实之人的伤害。人家以为又是在走过场，是在给已经内定的人‘陪考’。”说起当年这两位老师的反应，戴养雄极为感慨，“但是这一次绝不是走过场。余干教体局新领导班子下定决心，以前那种混乱局面决不能再持续下去，必须刹住这股歪风。余干县教育系统必须风清气正。”

第三项考试制度是校长被纳入后备人才库必须经过考试。以前，校长、副校长的调动、提拔非常随意。如果有哪个校长看上了更好的学校，想调到那里去任职，常常是提要求、打招呼、走关系。假如他和哪位领导关系近一些，领导也乐得卖他个人情。

但建立起校长后备人才库之后规矩就完全不一样了。校长、副校长的调动、提拔，全部从后备人才库中择优选用，不在人才库里的，根本不会予以考虑。而要想进入后备人才库，则必须通过考试才行。考试的方式和程序，依然和教师招聘、选调的方式和程序完全一样，都要经过笔试、面试以及纪检部门的全程监督。同时，校长后备人才库的建立也尽可能地保证了把能力强的人放在正确的地方。凡是能进入到后备人才库里的人，起码笔试、面试都通过了。

另外，根据相关规定，只有在学校民主测评中位居第一的人，在教职工群众中有威信，德能勤绩廉得到群众认可的人，才有资格参加进入后备人才库的考试。

“三项考核制度”“三项考试制度”以及评优评先、过程督查等制度的实施，极大震动了余干县教育界。这些制度让人们意识到，以往混吃混喝、应付工作的日子结束了，一个崭新的篇章已经在余干教育系统翻开。

根据余干县教体局的统计数据，2012 年，通过考试考核，从 638 名报考教师中选调了 80 名教师到县城中小学任教。经民主评价、考试、考核，从学校管理人员中，遴选了 40 名优秀副校长纳入校长后备人才库，当年 16 人被提拔到中小学校长（书记）岗位。2013 年，根据工作需要，通过民主评价、考试、考核的方式，再次选拔了 3 名优秀副校级干部担任校长、3 名优秀副校长进入机关任副股室长，并从普通教师中公开选调了 4 名年轻教师到机关工作。2014 年暑期，从 2013 年副校长干部考试建立的校长后备人才库中起用 2 人担任校长或党委书记。同时，还根据校长年度考核结果，在 2012 年、2013 年暑期，对任职满 5 年的校长进行了轮岗交流，交流面达 80% 以上。2015 年 8 月，在确保公平公正、公开透明的基础上，从在职在岗在编的全县农村初中、小学公办教师中选调 38 名教师到城区学校任教。通过考试、自愿择岗等形式，对原信河中学 102 名富余教师和古埠、黄埠镇、湾头、新生、西岗、管枥、新桥、峡山等 8 所初中 116 名富余教师成功实施了分流，有效消除了农村边远小学师资较为紧张而农村初中教师相对富余的矛盾。

“三项考核制度”“三项考试制度”等人事改革制度，使余干县教育系统以往混乱无序的局面和不正的风气在较短时间内得到了遏制与扭转。同时，这些制度经过不断丰富、完善，也成为余干教育系统自 2011 年开始的“重振余干公办教育”大改革的骨干性的制度框架，为余干公办教育的再次振兴发挥了重要作用。

第六章

振兴路径：杨埠中学的实践

清理、整顿余干县公办教育的混乱局面，以人事制度改革全力激活教育队伍的活力、干劲，是余干县教体局新领导班子组建之后首先下大力气解决的问题。这是重振余干公办教育的关键，也是最为基础的工作。其实在当时，对“重振”行动将沿着一条什么样的路径有序推进，段百达以及余干县教体局领导班子也并不是很清楚。所有的改革都是在办中学，在实践中逐渐摸索。但是有一点他们是清楚的，那就是让愿干事、想干事、能干事的人，真正能够摆脱各种束缚和羁绊，放手去干。

在 2012 年前后的余干县，谁都知道，让那些濒临关门的公办学校起死回生绝不是一件容易之事。可是不容易并不等同于无所作为，困难当然多，也只有尽己所能去一个一个地解决困难，才能迎来希望的转机。就此而言，杨埠中学从衰败到再次振兴的历程鲜明地体现了余干县教体局当年的改革思路。而杨埠中学的许多做法，在随后近 10 年余干县公办教育的改革重振之中，不仅成为当时众多衰败学校再次走向崛起的学习样本，也在一定程度上勾勒出余干县公办教育重新振兴的路径。

杨埠中学是余干县的一所老牌中学，1968 年建校，是杨埠镇唯一的公立初中。目前，杨埠中学有学生 1000 多人、教师 80 余人。学校现代化教学设施齐全，多次获得省、市、县的表彰，中考录取到重点中学的人数逐年增长。

站在今天杨埠中学的校园中，看着漂亮的塑胶运动场以及干净、整齐的教学楼，你很难想象就在 10 年前，这里曾是一片荒芜之地。实际上，今日杨埠中学的规模和校容校貌，鲜活地展现出一所农村初级中学从近乎倒闭走向再次振兴的历程。

考察杨埠中学是如何重新崛起的，必定要提到一个关键人物。他就是当时杨埠中学的校长黄永青。

黄永青就是杨埠镇当地人。他 1979 年出生，2003 年参加工作后一直在余干县的农村中学任教。2013 年 7 月，黄永青调任杨埠中学任副校长。此前，他在白马中学任副校长。

黄永青调任杨埠中学任副校长时，正是杨埠中学最为低落、艰难的时候。因为民办学校的巨大冲击，加之学校管理不善，曾经兴旺的杨埠中学那时竟然只剩下了 21 个学生，而老师却有 43 位。整个校园也是杂草丛生，让人看一眼就断了来这里上学的念头。

学校没落到如此地步，离倒闭关门几乎只有一步之遥。实际上，余干县教体局调黄永青去杨埠中学就是想让他去“救场”。因为黄永青在白马中学就已经名声在外，是白马中学的名牌教师。

黄永青是2006年到白马中学任教的。那个时候，余干县的公办学校正遭受着民办学校的全方位冲击，白马中学也面临生源流失的严重挑战。在黄永青调到白马中学的2006年，学校有学生600余人。这个规模在那时余干县的农村中学中已经算是很好的了，而到了2007年，学生人数就下降到560余人。

提起当年白马中学的情况，黄永青认为，无论是对于学校还是他个人，很幸运的是那时有校长张海德。面对学校生源的持续下滑，张校长当然也非常着急，却又想不出什么好办法。但是他做的一件事让黄永青印象极为深刻：张校长非常开明，他不因自己是一校之长就端着架子高高在上。当发现黄永青这个刚调来的青年教师肯动脑子很有想法，就主动地向他问计求教。更让黄永青感动的是，张校长大胆用人、充分放权。当黄永青把自己如何扭转生源下滑趋势的想法与张校长交流后，张校长当机立断，居然让黄永青组建团队，全面实施他的设想和计划。那时黄永青只是白马中学的一个普通老师，但他有权调动学校的中层干部甚至副校长。

得到这样的信任和授权，黄永青也没有辜负张校长和大家的期望。他拿出农村子弟吃大苦耐大劳的倔强和执着，带领同事们走村入户进行家访，了解学生流失的具体原因，倾听学生家长的真正心声，大力宣传学校的办学理念，坚定学生和家长对学校以及老师的信心。靠着他们的艰苦奔波、苦口婆心，经过一个暑假没日没夜的走访，白马中学生源下滑的势头竟然被遏制住了。2008 年 9 月新学年开始，白马中学在校学生由 2007 年的 560 多人回升到 700 多人。

这个可喜的变化让很多人喜出望外，黄永青也备感欣慰。他知道，他相信并坚持的家校联动、紧密结合的工作方式终于得到了回报。但黄永青也是清醒的，他更知道，仅此还不能真正彻底地解决学生流失问题。随后的几年，在学校乃至上级的支持下，黄永青带头进行教学教研改革，让学生不仅留得住，还要学得好。虽然白马中学的硬件建设在当时并不多么出众，却在尽可能的条件下维持了学校的基本要求。通过多方努力，白马中学的“控辍保学”成绩斐然，继 2008 年生源止跌回升达到 700 人之后，2009 年达到了 900 人，2010 年继续增长，达到了 1000 人。黄永青 2013 年调走之时，白马中学的在校生达到了 1200 多人。这个成绩，在余干县公办教育全面衰败、学生人数持续下滑的大局面中堪称另类。

白马中学是如何做到的？黄永青是如何做到的？白马中学的骄人业绩，自然引起了余干县教体局领导班子的关注。尤其是得知黄永青打着吊瓶也要去家访的事迹时，段百达等人立刻决定，将黄永青调往正在摇摇欲坠的杨埠中学。他们希望黄永青能把在白马中学的经验和做法，复制到杨埠中学，以挽救这所老牌学校。

2012 年黄永青还在白马中学的时候已被提为副校长。2013 年调往杨埠中学依然任副校长，算是平调。那时，余干县教育系统的人事制度改革已经在几个学校开始试点，却并未全面铺开，彼时杨埠中学尚没有进入试点之列。按照余干县教体局的原来设想，调黄永青去杨埠中学只是想先加强一下这个学校的骨干力量。毕竟学校的组织架构和领导班子还在，出于稳妥起见，余干县教体局还没有最终下决心大动干戈地在杨埠中学启动人事制度改革。

但是余干县教体局很快就发觉，如果用人机制不改变、人事制度不进行切实调整，再怎么精明强干之人也孤掌难鸣。

正是基于这样的考虑，杨埠中学的重新振兴依然是从人事制度改革取得突破的。在县教体局的主持下，杨埠中学的 40 多位老师公开投票，选出他们心目中的校长和副校长。结果毫无疑问，黄永青得票最高，杨埠中学校长的重担就这样落在了他的肩上。

经过人事制度改革，杨埠中学教职员工的精神面貌得到显著改观，工作热情和心气已被激活。但是要想让一个仅剩21个学生、濒临倒闭的学校重振往日辉煌，依然面临着巨大压力。

先不说重振辉煌，光教体局对黄永青提出的目标要求就有不小挑战：余干县教体局要求黄永青，三年内把杨埠中学的学生数量提高到300人。从教体局的角度，这个目标有些宽松。可在很多人看来，这已经是想都不敢想的数字。毕竟，学校当时的情况实在是太差了。

但是让所有人没想到的是，教体局提出的三年目标，黄永青仅用了一年多的时间就完成了：2013年9月新学年开学，也就是黄永青调到杨埠中学刚刚两个月，杨埠中学的学生人数从21人奇迹般地回升到了227人；2014年9月，学生人数继续回升，达到了520人；2015年9月，达到710人；2016年9月，达到830人；2017年9月，达到910人。

2018年12月，黄永青调离了杨埠中学，回到他的老东家白马中学任校长。那一年9月新学年开学时，杨埠中学的在校生突破了1000人，达到1008人。

黄永青究竟采取了什么办法，将一所破败不堪的农村中学从濒临倒闭的边缘挽救了回来？这个疑问，是当年余干县整个教育系统既感振奋而又不解的，这同样引发了我们极大的探寻兴趣。我们找到了黄永青校长，请他具体谈一谈他当时的做法。

提起当年往事，已经离开杨埠中学的黄永青依然感慨不已。对于如何带领杨埠中学走出困境，黄永青认为自己其实没什么高招、绝招，不过是“苦干、巧干、实干、精干”。

刚就任杨埠中学校长，黄永青就提出了“以德立校、以勤兴校，办老百姓读得起的优质教育”理念。这既是他的办学理念，同时也是他多年扎根农村教育，通过亲身感受农村教育现状而得出的贴近现实的理解。

面对杨埠中学当时极为困难、低落的局面，黄永青首先做的，是要弄清楚学生流失的真正原因，把“保学控辍”作为头等大事来抓。这项工作没有捷径，黄永青认为，勤跑动就是真正的捷径。他又拿出了在白马中学的做法，从家访入手，让这所已被农村群众抛弃的学校，重新建立起紧密的家校联系。

可是头一次去下乡家访，黄永青就遭遇了当头一棒。那是在一个小村子，黄永青一行几人正往村子走，在地头碰上了一位老大爷。让黄永青始料未及，刚一看到他们，老大爷居然发起无名之火，火冒三丈地开口就骂。“那个老大爷有些话很难听，总的意思就是你们这个学校真差劲，老师居然比学生多。”黄永青说，“我刚来，老大爷不认识我，但是他认识和我一起去家访的几位老师。可能看到那几位老师，他就想起了什么不愉快的事。”

黄永青只好和颜悦色地请老大爷消消气，说：“大爷你骂得好，学校办成这样是该骂。但是你不要在这里骂，请你去我学校里骂，骂我也行。把你对学校的意见和不满全部倒出来。”听黄永青这样说，老大爷暂时压住了火气。经过简单的了解，黄永青知晓了这位老大爷为何这么大动肝火。老大爷有一个孙女该读初中了，但是因为家附近的杨埠中学办得极为破落，他的小孙女无法就读公办学校，就算是去了也享受不到较好的教育。而要去私立学校的话，又是一笔不小的开销。这对于国家级贫困县的农村普通人家来说，实在是巨大的压力。老大爷正在为孙女上学的事发愁，又正好看到了来家访的黄永青一行人，心中压抑已久的火气立即爆发。

明白了老大爷发火的根源，黄永青反而松了一口气。他先向老大爷介绍了自己的情况，诚恳地承认学校办得不好是事实，进而又耐心地讲解自己的办学理念，尤其是把自己坚决要把杨埠中学办好的思路和决心，细致地讲给老大爷听。

黄永青原本没指望通过这一通讲解，就能打消老大爷的顾虑。可是让他惊讶且大为感动的是，听了他的讲解，老大爷居然被黄永青的平易近人和真诚打动了。老大爷当时就答应，如果你黄永青真的能像你说的那样办学，他第一个送孙女到学校读书。

后来也果真如此，这位老大爷的孙女，眼看着就要流失到其他学校，却成为黄永青就任杨埠中学校长后第一个回流的学生。

与老大爷谈完时已是下午 6 点钟左右。这位原本怒气冲冲的老大爷显然被黄永青感动，主动领着黄永青等人到村子里逐户拜访家长。黄永青记得，那个小村子里一共有 7 个适龄学生，通过一家一家地做工作，口干舌燥地反复介绍自己的办学理念以及把学校办好的决心，到晚上 9 点时，这 7 名学生全部决定去杨埠中学就读。

想起那次经历，黄永青的兴奋溢于言表："去那个村子要经过一段挺长的下坡路。本来我心里还有点不安，觉得不是个好兆头。可是没想到，这次家访极为成功。从这个村子的例子，我一下子就看到了希望。"

黄永青深知，旗开得胜让人振奋，有赖于细致的解说、劝说工作。在学校满目破败、群众的心也被伤透的情况下，要想找回流失的学生，只能是首先让学生和家长重新燃起对学校的希望、对校长和老师的希望。而这个目的要想达到，除了多走动、多家访，用真心真情去打动别人，没有其他捷径可走，坐在办公室里是等不来学生的。正是基于这样坚定的认识，黄永青带领同事们，夜里打着手电筒走家串户，雨里泥里奔波在田间地头。过年的时候，别人都在家中团聚，黄永青却奔走在乡村，挨家挨户拜访返乡民工家庭，把许许多多辍学的孩子劝回学校。

“工作有多种方法，但首要的是苦干。”黄永青真正做到了苦干。在一年的时间里，他和同事们的足迹遍布杨埠镇 17 个村委会、110 多个村小组，走访了 6000 多户人家，接触学生家长超过 30000 人次。

正是依靠这样的“苦干”，黄永青用真诚感动了无数学生家长，他们纷纷把孩子送到杨埠中学读书。仅剩下 21 个学生的杨埠中学，学生数量出现了飞速蹿升。

把流失的学生找回来、劝回来只是第一步，能否留住学生则是更大的挑战，同时也是对办学理念和办学诚意的考验。在初步解决了学生流失问题之后，黄永青紧接着的动作，就是采取系列措施，让学生“留得住”“学得好”。

而要让学生“留得住”“学得好”，毫无疑问首先得有一支让学生、家长和社会各界信得过的教师队伍。

在进行家访的过程中，黄永青深刻地感受到，老百姓对学校的失望尽管有各种各样的因素，但在很大程度上是缘于对老师的失望。他也深知，家长们虽然将孩子送回了学校，但依然对学校心存疑虑。杨埠中学如果不尽快建立起一支高素质、敬业爱岗的教师队伍，苦口婆心乃至受尽白眼好不容易劝说回来的学生，用不了多久就会再次流失。学校强，首先得老师强。老师强了，学校才能取得基本的立足之地和生存空间，才能在后续发展中获得社会各界的信任与支持。

由此，黄永青坚决地把强师摆在了工作的首要位置。他要通过强师实现强校的目的。

在杨埠中学的强师计划中，最重要的，就是一项名为“一二三四五强师工程”的计划。该“强师工程”由黄永青主持拟定，较为系统地反映出他的办学和强师思路。

“一”指一个指导思想，即“诚心教学、专心育人、爱心护才”。杨埠中学是一所农村中学，在黄永青看来，学校的发展以及老师的教学都要立足于农村的实际，不能脱离农村而去谈农村教育。农村的现实条件决定了农村教育更加脆弱。因此在办学以及施教过程中，务必要进行广泛的调研，重视家校联动，找准农村教育的痛点和需求，从而在摸索中形成办学模式。农村家庭供养孩子读书不容易，老师更需要有诚心、爱心和护才之心，以加倍的呵护，助力农村孩子成长。

“二”指两个强化，即强化师德、强化师风。教师是一个学校的灵魂，教师队伍如何，直接事关学校事业发展的成败。黄永青带领全校教职员工，通过形式多样的不间断培训，下大力气改变教师以往的观念，让老师把心思真正用到教学上来。例如利用“党建+教育”的形式，在全校进行思想建设和动员，以使大家端正思想认识、珍惜宝贵的教学机会，树立起“办好人民家门口的教育”的理念。作为农村子弟，黄永青太清楚“家门口的教育”对于一个满怀憧憬的农村孩子来说意味着什么。

“三”指三个激励。在日常的工作中，黄永青极为注重对教师的激励。在他看来，激励不仅体现在教学业绩、体现在工作评价上，更重要的一点，还体现在对教师的关爱上。因此三个激励也主要是围绕校际教学交流、评优评先、节假日送温暖这三个方面展开。

“四”指四个检查，即检查学习笔记看思想、检查常规看态度、检查课堂看氛围、检查考勤看规矩。这四个检查全面涵盖了学校的日常教学工作，其目的就是要为教学建规立矩，形成良好、有序的教学习惯。

“五”指五个提升：一是提升教育情怀；二是提升学识素养；三是提升教学水平；四是提升爱生心智；五是提升思想境界。

“一二三四五强师工程”其实并不仅仅是针对教师的规范、提升工程，它实际上也是学校全面发展的大纲。在此工程引领下，杨埠中学陆续建立、健全、完善了一系列教师管理制度，形成了完备的奖惩激励机制。经过人事制度改革和制度体系建设，杨埠中学告别了“庸、懒、散”，呈现出积极进取的景象。

作为一校之长，黄永青对老师的要求非常严格，而这种严格是建立在以身作则的基础之上的。在教学和学校建设进入关键时期的时候，他要求班主任一个星期回家一次，他自己却一天也不回去。为了更好地了解学生的情况，他把自己的被褥搬进学生宿舍，和学生同吃、同住。校长如此敬业，教职员工自然也纷纷跟上。

黄永青在学校大会上多次强调：我们学校底子薄，也许做不到待遇留人，但一定会做到事业留人、感情留人。而事实上，在黄永青的努力下，杨埠中学教师队伍的精神面貌昂扬向上，大家彻底告别了之前因学校衰败而羞于启齿的尴尬，重新获得了作为杨埠中学教师的尊严。教师待遇也是逐年提高。队伍稳定、工作热情高涨，这样的教师队伍显然会对学生产生巨大的吸引力和亲近感，显然会对留住学生发挥巨大作用。

通过“一二三四五强师工程”的扎实推进，杨埠中学的教学质量在很短时间内就迅速提高。2015 年中考，杨埠中学共有50个毕业生，其中12人考上了余干县重点高中。2016年有120多名毕业生参加中考，考上重点高中34人。2017年，毕业班208名学生有60人被重点高中录取。杨埠中学这个成绩，在当年余干县全县农村中学中排名第一。

实实在在的教学成绩有目共睹地逐年提高，杨埠中学在学生以及家长中的口碑迅速树立起来，流失的学生迅速回流。

黄永青在2013年7月刚到杨埠中学的时候，整个校园杂草丛生、满目荒芜。学习用的桌椅大多东倒西歪、破破烂烂。教学楼也只有一座，且缺乏修缮，让人一看就觉得不是个读书的地方。没有一个好的办学环境，学校想要振兴基本无从谈起。对此，黄永青当然非常清楚。实际上，在杨埠中学重新振兴的过程中，甚至在余干县公办教育的重振过程中，校园建设、硬件设备提高、办学环境改善一直是极为重要的内容，也是成功的经验之一。

在黄永青的重振杨埠中学的设想中，改善办学环境早已提上日程。但是他必须面临一个很现实的问题：学校没有钱，做不了大的投入。

不为失败找理由，要为成功找方法。黄永青的“苦干、巧干、实干、精干”，在杨埠中学办学环境的改善中得到了淋漓尽致的展现。2013年暑假，他听说玉亭学校搬迁，要淘汰大量设备。在征得上级同意后，黄永青带着 8 个同事，顶着近 40 摄氏度的高温，连干三日三夜，从玉亭学校搬回了 10 卡车的桌椅床凳。当他在交接单上签字时，玉亭学校的人简直不相信面前这个晒得黝黑、汗流浃背、浑身脏兮兮的“搬运工”居然是杨埠中学的校长。

接着，黄永青又发动父母兄弟，清除校园杂草 20 多亩，打水泥路 180 米，粉刷教室、宿舍近万平方米。

2015 年，为了建新教学楼，黄永青带领同事利用五一放假的几天，硬是把学校旁边的一座小荒山给推平。

除了这样“苦干”，黄永青最让人称道的是懂得如何“巧干”。为了给学校建设寻找空间，他看上了旁边地产开发商的一片七八亩的地。他多次与开发商沟通，用诸如“学校建好了你的楼盘也会升值”这类好话，居然说动开发商把地免费送给了学校。这片地同样是山地，而黄永青同样是带领大家，凭借自己苦干把山地推平。

在三年多的时间里，黄永青通过各种渠道和努力，使杨埠中学的校园面积扩大了一倍，从 20 亩增加到 40 亩。他争取县教体局的支持，三年里给学校投入近 1000 万元，在这 40 亩地上大搞教学区、运动区、生活区“三区建设”，建起了崭新的教学楼、学生宿舍、食堂以及漂亮的塑胶运动场，使杨埠中学的校容校貌发生了翻天覆地的改变。

今天走在杨埠中学的校园里，看着崭新的教学楼、明亮的教室以及朝气蓬勃的学生，当年的破败恍如隔世，杨埠中学的老师也不会像前些年那样感觉脸上无光了。虽然附近依然有民办学校在竞争，但是杨埠中学已经牢牢掌握了公办教育主动权，成为杨埠镇义务教育的中流砥柱。

以对农村教育事业的真诚和紧密的家校联动找回学生；以强师工程全面提升教师素养、打造高素质的教师队伍，让学生留得住、学得好；以艰苦努力千方百计改善办学条件，让学校更加有吸引力。这几大步骤，黄永青将之总结为“家校结合、面向学生、教学寓乐、环境怡人”。它们基本体现出了黄永青在杨埠中学实施的强校思路，也在很大程度上反映出余干县公办教育从衰败走向再次振兴的路径。

第七章

强校带弱校之一：石口中学的实践

让处于困境中的公办学校重新焕发生机，余干教育改革者采取了形式多样的方式方法——建立家校联动，向家长和学生反复宣讲把学校办好的决心、措施，让社会各界重新建立起对余干公办教育的信心；组建招生团队，强化招生力度，尽最大努力不漏掉一个学生；深化人事制度改革，激活教职员工的活力和干劲；大力改善教学环境，尽快补上校园建设的短板……

功夫不负有心人。通过艰苦努力，余干县公办教育再次获得充沛的发展动力。到 2016 年前后，仅仅经过四年多一点的时间，改革效果就显著显现出来——在校生人数持续增长，学校网点布局、农村学校办学条件、教育信息化、师资队伍建设等都一改往日沉沦破落、萎靡不振的局面，重新显现出勃勃生机。

应该说，重振余干公办教育的“破冰”改革，目的已基本达到，余干县的各类公办学校大多已找到了发展的路径，重新校准了发展目标，走上了有序推进的轨道。

但是，改革不可能一帆风顺，发展也不可能完全均衡。回顾余干县公办教育自 2012 年开始的重振历程，我们会发觉，到了2016年前后，余干公办教育发展又遇到了新的问题。简而言之，一是有少部分学校，受区位、人口、办学软硬件等多种因素制约，发展后劲乏力，仅凭其自身努力，很难实现振兴的愿望。二是有些发展良好甚至堪称强劲的学校受制于校园面积等因素，再进一步发展、再上一层楼的势头遭遇了瓶颈，从而拖累了发展速度与规模扩张。

如何让那些仍然弱小的学校尽快跟上发展的步伐，如何让发展迅猛的强校获得更大的发展空间，就成为这个时期余干县教育改革者面临的挑战。

针对余干县公办教育此时的发展态势，同时结合当地实际情况，以段百达为首的余干教育改革者，想出了一个看上去很简单也很直接的办法，居然一举解决了上述难题。这个办法就是“强校带弱校”。

“强校带弱校”的实践首先在石口中学和乌泥初中之间展开。这两个中学都是农村初级中学，分别位于石口镇和乌泥镇。

2016年上半年，石口中学校长甘卫元接到县教体局通知，局里决定在石口中学和乌泥初中展开“强校带弱校”试点，希望通过强校石口中学的强力带动，帮助已经走到倒闭边缘的乌泥初中尽快摆脱困境。县教体局任命甘卫元兼任乌泥初中校长，统筹推进两校的“强校带弱校”工作。

对于这个决定，甘卫元并不感到突然。之前，余干县教体局局长段百达代表局领导班子已经向他透露过改革意向。

甘卫元是余干县教育系统的资深教育人。自 1990 年投身教育事业后，一直在教育系统工作。2014 年，甘卫元任石口中学校长，此前他是县教体局教育股的股长。2012 年余干县教体局开始启动重振余干县公办教育的改革，在当年展开的那次极为重要的全县教育发展情况大调研中，甘卫元是全程参与者，也是调研组的骨干成员。因此，对于余干公办教育的改革必要性和改革精神，甘卫元认识深刻；对于相关改革思路和步骤、措施，他也完全理解。

尽管思想认识上理解，严酷的现实却也使甘卫元不得不慎重。作为县里的老教育人，甘卫元太了解他要面对的情况了。当时要让他去“带”的乌泥初中，学生仅剩 21 个人，还分属三个年级，学校基本成了一个空架子。

乌泥初中为何走到这步境地，甘卫元当然非常清楚。在余干县所有乡镇中，乌泥初中所在的乌泥镇是一个很小的镇，全镇只有 1 万多人。如此之小的人口基数，决定了乌泥初中的生源不可能有多少。但是，乌泥初中之所以近乎倒闭关门，人口基数小只是其中一个因素，并不是最重要的因素。

乌泥初中濒临倒闭关门的一个重要因素是，学校所在的乌泥镇是民办学校集中之地。在不到一平方千米的公路沿线地区，就有三所民办学校，其中一所是规模较大的九年一贯制学校，与乌泥初中仅一墙之隔。这些民办学校，在学校环境和教学硬件等方面全面超越公办的乌泥初中，强力分流了乌泥初中本就不富余的生源。

而最为重要的因素是，面对民办学校咄咄逼人的攻势，乌泥初中措手不及，找不到应对之策，以致节节败退，连招架之力都丧失殆尽。几年下来，乌泥初中生源流失，许多老师也被挖走，教学质量一落千丈，整个学校灰头土脸，士气低落。这样的萎靡不振，致使学校在社会上尤其是在学生家长眼里形成极为负面的印象。而群众对乌泥初中的负面印象，反过来又强化了生源和师资的流失，导致学校更加败落。“无所作为—生源流失—士气低落—学校衰败”，乌泥初中就这样无奈地陷入了循环往复的怪圈而难以自拔，一年一圈，每一圈下来学校的境况就更加恶劣一层，最终走到了只剩下 21 个学生的可怜境地。到这 21 个学生陆续毕业的那一天，乌泥初中恐怕真的要关门了。

学校到了这一步，干脆一关了之行不行呢？不行！因为乌泥镇只有这一所公办初中。学校如果真的关门停办了，将坐实公办学校被民办学校挤垮的事实，对于余干县的广大教育人来说，假如真的走到这一步，绝不仅仅是脸上无光的问题，更是公办教育的严重失职。公办教育尤其是义务教育学段之于中国农村，不光是承担着最为基础的教育职责，还因其花费低廉，显著减轻了农村家庭的负担，保障了贫困家庭的子弟不因经济困窘而失学。这种职责，仅靠民办学校是做不到的。余干县是国家级贫困县，公办学校更加有其存在、强大的必要——这正是余干县的教育改革者拼尽全力也要重新振兴公办教育的最根本动力。

很明显，假如没有强大外力的介入，仅靠乌泥初中自己的力量，已经不可能打破自我循环的怪圈。这就是“强校带弱校”改革措施的根本用意。而“强大外力”，就是甘卫元任校长的石口中学。石口镇紧邻乌泥镇，石口中学和乌泥初中相隔不到 6 千米。带乌泥初中这所弱校的任务，毫无争议地落在了强校石口中学的肩上。

说起来让甘卫元也有些尴尬。乌泥初中生源流失，有一部分就流到了石口中学。两校距离很近，加之学区也没有硬性划分，学生当然愿意到更好的学校读书。

石口中学是石口镇的老牌学校，曾是一所有高中和初中的学校，学生人数最高峰时达到 2000 多人，其中初中学生就有

1500多人。2008年学校架构调整，石口中学的高中停办，从而成为一所只有初中的学校。

余干县民办学校的飞速发展，同样也对石口中学产生了巨大冲击。2012年，石口中学初中在校生从最高峰值降到了不足500人。甘卫元记得很清楚，他2014年到学校任校长之时，学生人数只有520人。教学楼也只有一座破旧的连体楼，学校的办学环境、软硬件建设都非常差。甘卫元那年接手石口中学，其实也是去“救火”的。由于措施得力，仅仅通过两年的艰苦努力，石口中学的境况就大为改善，摆脱了不断萎缩下滑的趋势，重现上升势头。2016年承担“强校带弱校”改革任务之时，石口中学的在校生人数已上升到了1300多人，整个学校洋溢着昂扬向上、积极进取的精神。

对于如何去“带”乌泥初中，甘卫元一开始也颇感踌躇。他原本想直接把乌泥初中合并到石口中学，两校合一校，在管理上更加便利。可是很快这个设想就被否定。因为石口中学和乌泥初中分属两个不同的乡镇，如果乌泥初中被合并，乌泥镇将没有一所公办初中。这对余干县公办教育在各乡镇的总体布局显然不利。

经过与县教体局反复磋商，最终决定还是采取两校分立、平行办学的办法，不仅要继续保留乌泥初中的建制，还要把乌泥初中真正办好。但是在“带”的过程中，石口中学全面负责乌泥初中的教学和管理，甘卫元一肩挑两校，同时兼任乌泥初中的校长。

2016 年 9 月，经过调整后的乌泥初中正式开学。甘卫元“强校带弱校”的第一步，就采取了一个极为大胆的举措：他将已经在石口中学入学的 91 名乌泥镇的初一学生，全部劝返乌泥初中。这个举措瞬间就在学生家长中炸了锅。他们纷纷向甘卫元讨要说法，有的甚至跑到教体局去反映情况。家长们的情绪其实完全可以理解。自己的孩子已经在好学校入了学却又给放到了一个“差校”，尽管学校已经反复说明、郑重承诺办好乌泥初中的决心，可在承诺兑现之前，谁的心里都不会真正踏实。

面对家长的激烈反应以及很多过激言辞，甘卫元虽然心中委屈却坚决顶住了压力。他知道，在改革效果显现之前，无论做多少解释都不可能完全打消家长的顾虑。他当前所要做的，唯有把改革坚决推展开来，一方面尽快形成改革实效，另一方面通过具体的改革措施和办学方法，让家长和社会看到、认可他办好学校的决心。他一定要让乌泥镇全体父老看到，乌泥初中是完全可以办好的。

将 91 名学生劝返乌泥初中，体现了甘卫元的通盘考虑。

当时的乌泥初中其实已经是个空架子，学校没有学生又如何让人相信可以办好？因此，乌泥初中首先必须充满学生欢快的笑声，必须重现琅琅读书声。甘卫元相信，只要学校里奔跑着学生的身影，只要家长们听到了学生读书的稚嫩声音，一定会改变对学校的看法，建立起对学校的信任。

但并不是让学生回来就算完了。为了加强乌泥初中的教学和师资力量，真正体现出“带”的措施和诚心，甘卫元从石口中学调了 8 名骨干教师到乌泥初中任教，同时也调了 11 名乌泥初中的教师到石口中学任教并跟班学习。这一举措真正体现出甘卫元的改革用意：他要打通两校的围墙界限。虽然老师在编制上分属两个学校，但在教学、管理、评价体系上完全一致。如此用意，不仅仅便于管理，更为重要的是，通过打破管理界限使乌泥初中教师的素质和教学质量得到快速提升，迅速地与石口中学看齐。当学生家长看到石口中学的老师也到乌泥初中上课，乌泥初中的老师也去教石口中学的班级时，各种非议之声很快平息下来。他们知道，自己的孩子依然享受着好学校、好老师的教育，今日的乌泥初中，已经不再是以前半死不活就要倒闭的学校了。

在实现两校教师统一管理、统一上课的同时，两个学校的运转、办学环境改善乃至办公经费等方面，也全面实现了打通。实际上，两个学校已经紧密捆绑在一起，实现了一体化运作、集团化发展。而这样的发展模式，使乌泥初中的校园建设得到了持续投入，校容校貌校风完全不是往日景象。

为了夯实两校一体化运作的基础，向家长、社会宣传办学理念，透明学校管理，进一步打消群众对乌泥初中的固有印象，甘卫元还在学校内部成立了督学委员会。聘请石口镇、乌泥镇的村党支部书记、乡村名人、学生家长代表担任督学，对两个学校的日常秩序、老师的工作状态等予以监督。“强校带弱校”是余干县教体局重振余干公办教育的重要改革举措，石口中学与乌泥初中的实践，则是首次“吃螃蟹”，没有经验和现成路径可循，社会上难免存在不解。在此意义上，督学委员会虽然是学校内部设立，却是社会化办学、透明办学、畅通信息、争取社会理解支持的重要渠道。实践证明，督学委员会对学校的办学理念和办好学校的决心起到了明显的宣传作用，为“强校带弱校”的改革实践创造了良好的社会舆论环境。

在甘卫元看来，虽然在刚开始试点的时候人们对“强校带弱校”有一定成见，他个人心里面对猛然增加的人事管理也一度有些为难，但在实践中这项改革措施的好处很快就显现了。

第一，两个学校的一体化运作彻底消除了彼此之间的内耗。在将 91 名学生劝返乌泥初中之际，两个学校就重新明确、规范了各自的学区，改变了以前越界打乱仗的局面。对于像乌泥初中这样所在乡镇人口基数小、生源本就不乐观的学校，生源地的规范尤为重要。它让“弱校”得到喘息之机，获得了宝贵的生存空间。而只要生源得到了保障，学校也就有了振兴的契机。

第二，两校统一管理、统一评价机制使教师可以在两校之间调配、交流，加强了两校教师的相互学习。班级之间、教师之间出现了良性竞争的势头，校风校纪发生很大改变。如此既提高了教师的责任意识和教学素养，教学质量也实现了大幅提升。

第三，两校的整合、互补，实现了师资力量的充分利用。最初由于对“强校带弱校”的改革精神理解还不够深入，许多人认为这种改革意味着强校总是在付出、作贡献。“现在我们知道，这样的认识是非常偏颇的。”甘卫元说，“说是强校‘带’弱校，其实很多方面是双方的资源整合及互补。”

例如学科建设方面，乌泥初中以前长期走不出困境导致师资大量流失，直接造成许多课程因缺老师而开不了。改革之后，石口中学的8名老师到乌泥初中任教，立即就把原来开不了的课程给开出来了，从而解决了乌泥初中部分学科暂时性缺失的问题。而乌泥初中的11名老师到石口中学任教、学习，也立即缓解了石口中学某些课程师资紧张的问题。双方教师的这种交流、互补，实现了师资力量的充分利用、合理配置，是机制改革形成的改革红利，是双赢。而在改革之前，这样的双赢是无法做到的。

第四，以“强校带弱校”激活弱校，也化解了石口中学的发展瓶颈。石口中学由于重振迅速，学生数量快速增长。但校园容量一时难以扩大，校舍和教室出现了短缺。接受“强校带弱校”任务之后，尤其是将 91 名乌泥镇的学生劝返乌泥初中，一下子就大大缓解了压力。既给乌泥初中提供了生源，又给石口中学的发展腾出了空间。这同样是一个双赢。

第五，“强校带弱校”不仅意在重新振兴“弱校”，还为教育公平、均衡发展提供了机会。令甘卫元印象深刻的是，在酝酿改革方案的时候，县教体局的段百达局长反复向他强调，两个学校的改革试点决不能让人觉得是强校对弱校的恩赐。在管理、教学等各个方面，两碗水一定要端平。“端平”的体现之一，就是两个学校都不设立重点班，完全实行平行班。“我理解段局长的意思。他是想让我利用改革契机，为余干公办教育的教育公平、均衡发展做点探索、做成标杆，以为余干县教育今后的发展积累经验。”甘卫元说，“通过这几年的实践、探索，一定程度上达到了当初的要求。目前，石口中学和乌泥初中都比开始改革之时有明显提高，在校园环境、软硬件建设、教学质量、升学率等方面相差不大，两个学校呈现齐头并进的态势。”

作为挽救、振兴少数处于极度困境之中难以自拔的公办学校的改革试点，石口中学和乌泥初中的“强校带弱校”改革实践，在短短两年间就取得了让余干教育改革者极为欣喜的成效。濒临倒闭的乌泥初中起死回生，校园面貌和师生精神状态均展现出公办教育自尊、自信、自强的昂然之态，成为让当地群众信得过的主力学校。

担任两个学校的校长致使甘卫元的工作量大大增加，可是看着石口中学、乌泥初中互补互助、齐头并进，他觉得所有的付出都是值得的。而他更感欣慰的是，他这几年吃的苦、受的累都收获了巨大回报：石口中学在校生人数持续提升，目前已突破了 1400 人。原来破烂的乌泥初中校园已整修一新，原来空空荡荡的学校充满了学生的欢声笑语，教学质量也大幅提升。2019 年中考，当年被劝返乌泥初中的 91 个学生，其中 14 人被重点高中录取。2020 年中考，乌泥初中 126 个学生参考，37 人考入重点高中。目前，乌泥初中的中考平均分数在全县农村中学中排名第二，重点高中输送率排名第一。原本要倒闭关门的乌泥初中，彻底实现了脱胎换骨，重新振兴。

更为重要的是，石口中学和乌泥初中“强校带弱校”的实践，为余干县重振公办教育提供了一条现实可行之路，为改革的深入推进、拓展积累了宝贵的经验，为其他学校学习借鉴树立了标杆。

第八章

强校带弱校之二：黄金埠中学的实践

2018 年暑假，有件事让黄金埠中学校长彭跃前感到有些棘手：余干县教体局有意让黄金埠中学托管黄金埠镇初中。既然是局里的安排，彭跃前当然义不容辞。但是以他对黄金埠镇初中当时情况的了解，他对局里的这个决定还是感到忐忑。

余干县教体局产生这个想法，并不是一时兴起地拍脑袋决策，而是有充分的依据。这个依据，就是从 2016 年 9 月正式展开的石口中学和乌泥初中的改革试点，亦即“强校带弱校”的改革探索。到 2018 年余干县教体局找到彭跃前提出让他托管黄金埠镇初中时，石口中学和乌泥初中的改革试点已进行了两年，取得了极为显著的效果。“弱校”乌泥初中已经从几近关门倒闭的境地，一举实现了再次崛起。

石口中学和乌泥初中的改革试点，极大地增强了余干教育改革者的信心。他们想趁势扩大战果，将收获的改革经验和方法，复制到类似的学校。由此，他们很自然地想到了黄金埠中学和黄金埠镇初中。

相比于石口中学和乌泥初中，黄金埠中学和黄金埠镇初中的情况虽然有一定的差异，但让人印象深刻的是，它们之间的相似性其实更为明显。

黄金埠镇是余干县的经济第一强镇，经济发达、人口多，全镇有 10 多万人。庞大的人口数量决定了黄金埠镇的学校数量颇多。公办中学就有两所，一所是黄金埠中学，这是一所包含高中、初中的完全中学；另一所是只有初中的黄金埠镇初中，当地人俗称为“镇中”。

黄金埠镇初中我们曾在第一章中提到过。该校建校于 1987 年，是当年为了解决周边几个乡镇对初级中学的迫切需求而专门设立的公办学校。2006 年以前，黄金埠镇初中的在校生常年保持在 800 人左右，最高峰时达到 1000 多名学生。但是 2006 年后，由于当地一下子冒出了五六所民办私立中学，不但抢走了学校的生源，还将学校 10 多位骨干教师挖走了。黄金埠镇初中由此陷入了低谷。最败落的时候，学校在校生仅有 30 来人，甚至有一年因为招不上来学生而停办了一年。后来学生人数稍有回升，但到 2011 年，学校也仅有在校学生 160 人左右，而正式在编的教师却有 70 多人，师生比明显失衡。

2011 年，鉴于余干县教育“公退民进”严重扭曲、公办学校全面衰败、社会舆论反应强烈的严峻形势，余干县痛定思痛，下决心矫正、扭转极不合理的教育发展局面。县委、县政府调整了余干县教体局领导班子，于该年 11 月将段百达调到教体局任局长，就此开启了延续至今已近 10 年的余干公办教育改革。正是从那时开始，黄金埠镇初中迎来了转机。

可尽管出现了转机，黄金埠镇初中的发展却裹足不前，进步不大。到了 2018 年，学校在校生也只有 200 多人。相比于 2011 年时的 160 多人，学生数量虽有增长，可增速实在是太慢。说好听点，也就是聊胜于无。但在 2018 年，余干县公办教育经过 6 年多时间的改革，很多曾经极其衰败的公办学校都已经崛起，学校振兴的路径和具体方式方法也都积累了不少可以拿来就用的成功经验。这个时候，黄金埠镇初中进步不明显乃至原地踏步，就显得极为刺眼。

黄金埠镇初中走到这一步，毫无疑问有其自身的原因。但是余干县教体局也看到，有一些客观因素也阻碍了其发展，不能不顾现实条件一股脑地把责任全推给学校。例如黄金埠镇是民办学校极为发达的乡镇，仅其一个镇就有六所民办学校，密度之大、竞争之激烈，都远超其他乡镇。与黄金埠镇初中一墙之隔，就有一所民办学校，该学校办得有声有色，软硬件设施明显强于黄金埠镇初中，强力分流了生源。

另外，还有一点也颇让黄金埠镇初中尴尬。就在同一个镇上，距离相隔不远，就是黄金埠中学。黄金埠中学也有初中部，生源地与黄金埠镇初中完全相同。同为公办学校，但在生源上两校形成竞争之势，而黄金埠镇初中是竞争不过黄金埠中学的。很显然，起码在生源上，黄金埠镇初中不仅内外交困，还面临同室操戈。两方面夹击，“镇中”发展总是没多少起色也不难理解。如何破解这个困局，成为当时余干教体局不得不面对的现实问题。

而同时，黄金埠中学的发展也遭遇了瓶颈。黄金埠中学也经历过极为艰难的低落期，在最低谷的2004年，在校生不足1000人。黄金埠中学同样是从低落中重新走向振兴的。到2018年，黄金埠中学在校生人数达3000人，2020年达到3600多人，已逼近历史最高峰时的学生人数。加上学校软硬件等各项建设迅速改善提升，2018年时的黄金埠中学已经不愁生源。它当时犯愁的事与黄金埠镇初中正好相反——愁校舍不够用，愁校园局促，愁缺少发展空间。

通过上述简介我们会发觉，两所学校各自面临的问题并不一样，可是与石口中学和乌泥初中相比，两对学校之间的共同点倒是非常相似：它们各自的短处恰恰是对方的长处，两所学校完全可以像石口中学与乌泥初中那样相互“取人之长补己之短”，实现共同发展。

正是看到了它们之间的共同之处，余干县教体局敏锐地发现了改革契机：让黄金埠中学托管黄金埠镇初中，将石口中学和乌泥初中的改革经验、做法全面借鉴、复制过来，重现“强校带弱校”。如此，弱校“镇中”能够搭上黄金埠中学这列快车，实现发展提速；而通过托管“镇中”，黄金埠中学也能够拓宽自己的发展边界，突破发展瓶颈。

对于教体局的这番设想，彭跃前当然理解。他之所以有些犹豫不定，一是因为“镇中”的基础太差、矛盾丛生，他担心托管后难以消化；二是因为黄金埠中学虽然目前发展势头强劲，但走出困境的时间毕竟不长，自身基础依然有不少地方有待进一步夯实。托管“镇中”的确打开了发展空间，却也使管理更加复杂，带来不小的压力。

有所顾虑是人之常情，但彭跃前绝不是一个畏难之人。自江西师大毕业后，彭跃前到余干二中任教，从普通教师、年级组长、教导主任一路干过来，2012 年调到黄金埠中学，2016 年任黄金埠中学校长。在他的主持下，黄金埠中学从 2016 年时的 1400 多名学生，发展到 2018 年时的 3000 多名学生，2020 年又上升到 3600 多名。

彭跃前的经历，完全映射出余干公办教育改革的历程。他是改革经历者，更是改革参与者。对于余干公办教育改革的理解，彭跃前更加透彻、认同。

经过慎重考虑，彭跃前决心不辜负县教体局领导班子对他的厚望，接下这个艰巨任务。困难肯定有不少，彭跃前知道自己更有优势——“强校带弱校”已经有了可资借鉴的经验甚至教训，改革的路径、方法也已形成。相比于石口中学和乌泥初中之间的整合，黄金埠中学和黄金埠镇初中的整合可能还更便捷一点，毕竟这两所学校是在同一个镇上，少了很多不必要的麻烦。

说是托管，在实际运作中其实是两校合并。2018 年黄金埠中学托管黄金埠镇初中后，首先在人员管理上，两校进行了打通。黄金埠中学的老师可以到“镇中”任教，“镇中”的老师也可以到黄金埠中学任教。

其次在教师待遇上，两校的老师完全一样。之前，“镇中”因自身基础薄弱，老师的待遇较差，比起黄金埠中学的教师待遇差一大截。两校合并之后，“镇中”教师的待遇一步到位向黄金埠中学看齐，薪酬一下子提高不少。仅此，就大大激发了“镇中”老师的工作积极性。

最后，在学校运作上，两校实施一体化运营，不分彼此，作为一个学校来统一管理、运营。

经过一个暑假紧锣密鼓的运作，2018 年 9 月，两所学校以统一的面貌和姿态，迎来了新学年的开始。

彭跃前印象深刻的是，一开始他很担心合并之后社会上的反应，主要是担心学生家长可能会有误解。因为“镇中”给家长的印象太差，他们显然非常不愿意自己的孩子到“镇中”读书。

针对家长们可能出现的心态，彭跃前和同事们进行了充分的预判。开学前的暑假中，他们一边忙着两校的整合，一边深入学区进行广泛的宣传、解惑，让广大家长知晓：过去的“镇中”已经成为历史，从这个新学期开始，一个脱胎换骨的“镇中”将以全新的精神面貌迎接他们的孩子。

彭跃前给家长们描绘的绝不是一张大饼，两校合并后的第一个学期，他就把黄金埠中学的初三学生全部转到了“镇中”。按照他第一个阶段的设想，他要把“镇中”打造成黄金埠中学的新校区，将初三毕业班放在这里进行封闭式强化管理。

看到彭跃前如此运作，家长们原本还悬着的心一下子踏实下来。两校合并没有影响到学校生源，反而打消了人们对于“镇中”的固有印象，大幅改善、提升了学校的形象。

两校合并一体化运营的改革效果几乎是立竿见影，大大超出了彭跃前的预期。回顾合并以来的学校发展，彭跃前认为在以下几个方面的改革取得了显著的成效。

第一，结束了黄金埠中学与黄金埠镇初中在生源上的竞争。两个学校位于同一乡镇，学区重叠，此前各自为政，不可避免地发生争夺生源的情况，也在客观上造成各自生源不同程度的流失，从而带来无谓的内耗。两个学校合二为一以后，这种内耗彻底消失。原本分散的力量拧成一股绳，大家劲往一处使，招生的力度明显加大，体现出一个目的、一种策略、同一面貌、同一标准、步调一致的强大力量，集团作战的效果显著显现。2019 年，也就是两校合并后的第二年，原来不足 200 人的“镇中”，在校生数量就达到了 300 人。

第二，两校合并统一运营，彻底救活了摇摇欲坠的黄金埠镇初中。合并前，黄金埠镇初中多年裹足不前，虽然余干县公办教育的全面改革对学校产生了推动，却没有催生出质的改变。学校一直徘徊在求生存的边缘，教学质量、学校软硬件建设与发展几乎无暇更无心顾及。两校合并之后，最起码学校的生源有了保障，多年来受制于各种因素而疲于奔命的情况终于得到缓解。

第三，盘活了师资力量，激发了教师的干劲。合并前，“镇中”的教师因看不到学校发展的希望而不免人心涣散。合并之后，两校采取了同一标准的管理，薪酬也予以统一，待遇的提高稳定了“军心”，有效激发了“镇中”老师的工作热情，以前懒散的状态一扫而空。彭跃前认为，“镇中”老师的素质和教学水平其实并不差。以前之所以不被学生家长信任，主要在于学校没有办好导致的一损俱损。两校合并后，教师的教学积极性被激发出来了，再加上学校有意识开展的教研提升以及教学竞争，使原来被压抑的教学力量得到了充分释放。一方面使得教学质量显著提高，另一方面也有效补充了黄金埠中学师资力量的不足。

第四，盘活了原本富余甚至浪费的办学资源，拓宽了学校发展的空间。合并之前，“镇中”的很多办学资源实际处于闲置状态。“镇中”的设立和建设原本是按照千人规模来执行的，但是由于多年生源萎缩，不足 200 名学生的学校不仅致使原有设施无法得到充分利用，而且因常年闲置设施逐渐损坏。

而与此同时，强校黄金埠中学由于发展迅速，原有的校园规模和各种设施已经满足不了需求，学校进一步发展碰到了天花板。就拿学生宿舍来说，黄金埠中学最高峰时学生达到 4000 多人，那时学生宿舍是大通铺，居住条件较为恶劣。2018 年时学生数量已经由最低谷时的不足 1000 人回升到 3000 多人。由于国家义务教育均衡发展的硬性要求，同时也因为生活水平提高，学生对住宿要求也提高了，已经不可能再用大通铺的办法来解决学生住宿。但是学校现有面积又无法再新建宿舍，学校因缺乏空间而难以进一步发展。

两校合并彻底解决了这个矛盾，既使原来“镇中”的闲置资源得到利用，又使黄金埠中学获得了宝贵的发展空间。合并之后，彭跃前立即利用“镇中”的空余土地建起了一栋宿舍楼，使学校的容量能够满足4000名在校生的要求，学校规模显著增大，很快就会突破最高峰时的学生数量，成为黄金埠镇规模最大的学校。很显然，学校规模扩大意味着学校在人们心中的分量和地位更加重要。

第五，两校合并使学校下一步的发展规划和目标更加明确。2018年新学年一开学，彭跃前就把黄金埠中学的初三毕业班放到了“镇中”。他这个举措在当时还引起一部分学生家长的不理解，抱怨怎么把自己原本在好学校而且就要中考的孩子放在了一个差学校？但彭跃前这么做其实有他长远的打算。

首先，他不认为刚合并进来的“镇中”是一个差学校，更不认为是另一所学校，他认为“镇中”是黄金埠中学的新校区，把初三毕业班放到新校区进行封闭式管理，有利于强化教学效果和督促学生学习，对于提高学习成绩和中考升学率，更是有百利而无一害。

其次，将初三毕业班全部放在新校区仅是两校合并后统一管理、运作的第一步。在彭跃前的构想中，他打算将新校区最终作为黄金埠中学的初中部，而将原来的学校本部作为高中部。这样的调整，实际反映出余干县公办教育发展的现实要求：

初中学位相对充足，而高中学位较为缺乏。虽然余干县加强了职业教育布局，但在群众心中，还是希望自己的孩子能够继续上普通高中。这就导致了余干县高中学位持续紧张的局面。

而将新校区作为初中部后，彭跃前就可以在学校本部增加数百个高中学位，一方面尽量满足家长需求，另一方面在一定程度上缓解了高中学位紧张的态势。可谓一举两得。

更重要的，则是这样的架构调整还反映出彭跃前对黄金埠中学下一步发展的设想。

鉴于对余干县农村乡镇中学的深度了解，彭跃前认为，黄金埠中学要想一味地和余干县的老牌重点中学如余干中学、余干一中、余干二中这类学校去争升学率是行不通的。黄金埠中学要想办出特色、办出水平，必须差异化竞争。

而黄金埠中学的差异化竞争在彭跃前看来，就是要办“精品初中、特色高中”。

所谓“精品初中”，就是要把黄金埠中学的初中办成当地以及全县的初中强校。两校合并之后，到 2020 年，黄金埠中学初中的学生人数已达 700 人，而当年的中考，考入重点高中的人数已占到毕业生总数的 25%。这个中考成绩远远超过周边的民办学校，在当地家长的心目中，也高高树立起黄金埠中学强校、名校的旗帜。

初中规模和教学质量的显著提升，一方面保证了自己的生源，另一方面为本校高中部提供了优质生源。彭跃前的设想是，黄金埠中学的高中部在不断提升升学率的同时，向音体美方向侧重，这就是他的“特色高中”的规划。

截至2020年，黄金埠中学的在校生已达3600多人，校园环境、教学质量、领导班子建设都取得大幅提升。这种变化，彭跃前非常感慨地说“没想到”。原本只是简单的托管，但在余干教育改革者的谋划和推动下，托管上升为合并，又进而提升为资源整合、一体化运营。

黄金埠中学和黄金埠镇初中之间展开的“强校带弱校”，是典型的“1+1 > 2”的实践案例。其有力地推动了余干县公办教育的振兴与发展，也为其他地区公办教育薄弱环节的提升，提供了鲜活的改革经验和运作思路。

第九章

校园建设：新的面貌　新的信心

余干县重振公办教育的10年改革历程中，校园建设毫无疑问是一项极为重要的工作。

一所学校究竟办得怎么样，从其校容校貌上大体就能估计个八九不离十。从校门开始一路走进去，教学楼、办公楼、学生宿舍、食堂、运动场乃至厕所，哪怕外观看上去不是崭新的，可只要窗明几净、干净整洁、井然有序，这所学校一般不会差到哪去。相反，假如教室缺门少窗，校园杂草丛生、垃圾遍地，就算它是什么老牌名校，也绝不可能让人产生好印象，更别说还有心情在这样的校园里读书了。家长肯定不会放心把自己的孩子送到这样的学校，而一派破败的校园也绝不可能留住好老师。

这样的判断虽然有很强的主观随意性，现实中却往往不乏鲜活的例证。而2011年前后余干县的很多公办学校，就是鲜活的例证。

余干的公办学校在那个时候究竟破败成个什么样子？没有经历过那段时光的人，很难有多少感性认识。但是从经历者的叙述以及相关文字中，能约略感受一二。

我们还记得，段百达就任余干县教体局局长之后所做的第一个重大动作，就是在县委、县政府的领导下，组织县教育系统骨干力量，于2012年上半年对当时余干县教育发展情况进行了一次历时半年的摸底调查。根据调研报告的数据，当时余干县有公办学校413所，其中高中4所、初中45所、小学361所、幼儿园3所。但是，“无围墙的学校初中1所、小学154所；无校门的学校初中1所、小学169所；无食堂的学校初中9所、小学339所；无厕所的学校小学13所”。

这仅仅是很简略的罗列，实际上，有过那段经历的老师和教育系统工作人员都记忆犹新，很多学校即便有围墙、有校门、有食堂、有厕所，也大体仅仅是“有”而已，距离正常、安全使用实在相差很远。比如厕所，许多学校的确是有厕所的，可基本上也就是个坑而已。

校容校貌也破败不堪。我们接触到的几乎所有校长、老师，一提起学校当时的情况，都无一例外地连声道：“太差！”县教体局的调研报告也指出：“很多学校校内杂草丛生，很不景气。校园周边环境整治不容乐观。有的学校被网吧、游戏厅包围；有的学校被杂乱的民房、店铺包围；有的学校出门道路是断头路、低洼路、停车场，既没有形象，安全也得不到保障。”

这样的环境和硬件设施，学校又岂能不没落？而当时的情况实在已经极为严峻，农村公办中小学普遍存在较大困难，学校学生规模急速萎缩。全县 45 所农村公办初中，其中有 18 所初中是 100 人以下，瑞洪湾头初中仅有 10 名学生。

2012 年上半年展开调查时，余干县全县有在校生 167401 人，其中公办学校在校学生 86410 人。从人数上看，公办学校仍然占据半壁江山。可是公办学校的这半壁江山与民办学校那半壁江山一比较，就凸显出问题了。因为同期余干县有民办高中 5 所、初中 15 所、小学 20 所，学校数量仅占公办学校的 10%，在校生却达到 42892 人。

另一个值得注意的现象是，同期余干县还有民办幼儿园 362 所，有学生 38099 人。如果加上这一部分，民办学校无论是在学校数量和在校生人数上，都完全可以说与公办学校分庭抗礼。因为在同期，余干公办幼儿园仅有 3 所，学生只有 468 人。

从上述对比中不难感受到，余干县教体局调查所总结分析的余干县“教育的发展不能满足全县社会经济的发展以及人民群众对教育的新期盼、新要求”究竟是何种意味——学校没有围墙、没有大门、没有教室，就谈不上是所学校；学校杂草丛生、垃圾遍地、破破烂烂，这样的学校也绝不会是让人放心、安心的学校。截至 2012 年，余干县公办学校的校园状况已走到了几乎全面崩溃的极度危险边缘。

由此即可看出，重振余干公办教育，摆在余干县教育改革者面前的，是一个多么巨大的系统工程。

2012 年上半年，余干县教体局进行机构调整改革，原来在综合治理办公室的符建中调到了校园建设办公室（以下简称校建办）。从那时开始，符建中一直奔波在余干校园建设的工地上。目前，符建中是余干县教体局校建办主任。余干县重振公办教育的 10 年改革，符建中是全程经历者、参与者、建设者，他是眼看着余干公办学校的校园从大面积荒芜破败中脱胎换骨，走向整洁气派，走向器宇轩昂。

符建中介绍，余干重振公办学校改革在校园建设这一块，首先是从 D 级危房改造开始启动的。所谓 D 级危房，大体是指房屋的承重、结构等承载力问题已不能满足正常使用要求，整体出现险情，构成整栋危房的房屋。由于余干公办学校自 21 世纪初开始经历了 10 年的萎缩滑坡，校园建设投入极其匮乏，很多学校的校园建设已经停滞多年，导致了大面积欠账。

段百达也记忆犹新，他到任后没几天就被上饶市教育局叫去作个别谈话，原因是余干县教育系统 2010 年的 D 级危房改造校园建设项目，延宕至 2012 年都还基本上按兵未动，而 D 级危房改造又是“校安工程”的首要内容。由此也可看出当时余干公办学校衰败到了何种地步。

在此情况下，D 级危房改造自然刻不容缓。符建中正是由此开始全面接手校园建设工作的。

多年欠账致使 2012 年开始的 D 级危房改造任务极其繁重，因为一年要干三年的工程量。但是工程量再大，余干教育改革者也只能硬生生地顶上去。当年，教体局校建办即开工了 D 级危房改造项目 106 个，投入资金 3674 万元。余干公办学校从衰败走向重新崛起的校园建设大工程，自此拉开帷幕。

按照余干县教体局领导班子的总体部署，2012 年全面铺开的 D 级危房改造项目分 5 个标段进行招投标。截至 7 月，第一标段建设面积 4480 平方米，投入资金 380 万元，包括禾斛岭初中学生宿舍楼等 6 个项目；第二标段建筑面积 10827 平方米，投入资金 920 万元，包括水上小学教学楼等 6 个项目；第三标段建筑面积 5465.79 平方米，包括三塘腾溪小学、新桥小学、大塘初中、洪家咀甘家小学的教学楼，以及大塘中心小学、江埠中心小学、龙津初中、瑞洪中心小学的宿舍楼等项目；第四标段包括古竹初中学生宿舍等项目，共 4372 平方米；第五标段在 2012 年上半年也已进入报名程序。

2012 年上半年，余干县教体局校建办还组织拆除了 D 级危房 4800 平方米。并自筹资金 70 万元，帮助禾斛岭初中、禾山初中、黄金埠南谷小学、三塘中心小学、江埠米湾小学、三湖农中、鹭鸶港初中、上洪初中、江埠居山小学、金山咀曹坊小学等学校解决围墙 1317 米、校门 3 座、地面硬化 1500 平方米。

同时，余干二中抗震加固项目已签订合同并已开工建设，黄金埠中心小学教学楼、综合楼项目也已完成招投标。

在教体局新领导班子带领下，经过机关作风整顿和机构改革之后的余干教育人，一扫往日的萎靡不振，爆发出强劲的干劲和执行力。

2012 年可以说是余干公办学校校园建设工作重新起步之年。短短的一年时间内，校园建设就出现了可喜的变化。提起 2012 年，符建中也非常激动：“很多学校的项目有的刚开工，有的已经在建设中。虽然看上去学校像个大工地，显得有些杂乱，但是我们内心里充满干劲。很多学校的校长、老师工作之余也加入进来参加劳动，因为我们都觉得，余干公办学校终于看到了希望。”

如果说 2012 年的重点工作是全面启动 D 级危房改造，将迫在眉睫的问题尽快予以初步解决，那么 2013 年则是各类项目全面开花之年。这一年，余干县教育系统完成了总投入高达 2.6 亿元资金的全部工程项目建设，涉及包括村完小、村教学点在内的全县中小学 312 所，累计新建和改建建筑面积达 20 多万平方米。

首先，加快推进城区学校的建设。总投资 1 亿元的余干县重点工程——爱心神华学校（后更名为余干四中）一、二期工程全面竣工，并于当年 8 月底全部投入使用。在城北新区启动了玉亭学校迁建工程建设。在城东启动余干三中的迁建选址工作。对余干二小、三小、海尔小学（四小）、五小进行了扩容改造，提升了软硬件设施和校园环境，同时着手对岷山小学、排岗小学、太阳小学、洲上小学、德胜小学和毛溪小学进行提升改造，以缓解县城适龄儿童的入学压力。

其次，着手启动全面改善农村中小学的办学条件，从以下七个方面推进，使城乡教育向均衡化方向发展。

一是加快农村中小学“薄改”项目，推进农村学校标准化建设。2013 年，余干县农村中小学新建、改建涉及学校 200 多所，新建教学楼 18753 平方米，教学综合楼 23265 平方米，学生宿舍 6936 平方米，校门 52 座，厕所 2780 平方米，老师办公用房 2800 平方米，周转住宿用房 4020 平方米，新建标准运动场 6 个，铺设塑胶跑道 2000 多万平方米。

二是积极实施改造项目。D 类危房重建面积 28932 平方米，抗震加固面积 3632 平方米，改造运动场 8765 平方米，楼面防漏防渗 2902 平方米，涉及项目 96 个，资金投入 3865 万元。

三是实施学前教育三年规划。争取专项资金 2903 万元，启动了农村附属幼儿园建设项目，为全县 116 所村完小增设附属幼儿园。

四是加强学校资源管理。在 2013 年集中开展了学校资源清查摸底工作，并拨付专项资金 1000 余万元，帮助 180 所学校兴建围墙，厘清了学校与乡、村资源矛盾纠纷，有效保护了学校的资源。

五是加快学校附属设施建设。通过自筹资金和争取各方资金等方式，为部分农村中小学和村完小建设围墙 10000 多米，硬化路面 18000 多平方米，绿化校园 12000 多平方米。农村学校环境面貌焕然一新。

六是投入资金 3000 多万元，为农村义务教育薄弱学校添置各类教学装备，采购图书 376 万元、教学仪器（含音体美卫器材）1840 万元、多媒体远程教学设备 416 万元。配置了 95 间标准多媒体音乐教室，将 416 间普通教室改造成多媒体远程教室。为全县村完小教师购买办公桌椅 4000 套，自购标准学生课桌凳 4 万多套，解决了边远山区学生自带课桌椅的问题，得到群众的好评。

七是余干县教体局自筹资金 800 万元，对农村学校进行了简单应急维修，全面启动学校标准化建设。

余干县重振公办教育的10年改革中，2013年是一个标志性之年。高强度的投入使2013年成为余干县教育发展最快、学校面貌变化最大的一年。

也是从这一年开始，余干县教体局加强了顶层设计，注重从宏观上统筹规划余干县公办学校的建设和均衡化发展，从而奠定了之后余干县公办学校的发展布局。

回顾余干县公办学校的校园建设工作，会发现有几个重要的节点性工程，对于重振余干公办学校起到了巨大推动作用。

一是2013—2015年展开的江西省农村义务教育标准化建设项目。在这三年间，江西省对余干县投入了50亿元，余干县自筹资金7000余万元，统一标准、统一设计，先是教学点，后是村完小，对200多所学校进行了标准化建设，大幅改善提高了农村中小学的校容校貌和教学设施。在这期间，余干县还利用上级拨付的专项资金2000余万元，解决了持续多年的特岗教师的吃住问题，稳定了农村教师队伍。

二是借助国家义务教育均衡发展建设要求，全面推进城乡义务教育一体化发展。2018—2020年三年间，余干县重点打造农村中心小学以及农村初中，为300人以上的学校建设了运动场以及足球场。

规范有序且高强度的投入，使余干县公办学校建设连年上台阶，每年大变样。截至2018年，余干县农村学校已全部消除了D级危房，C级危房也得到全部改造，危房占比由2013年的60%降至5%。

大溪乡的大溪初中的变化，就是校园建设工作对余干重振公办学校的一个典型缩影。

据大溪初中校长刘建好介绍，学校在发展最低谷的时候，仅剩下学生120人，整个学校没有围墙，也没有像样的厕所。当年倒是有一栋教学楼、一栋办公楼、一栋宿舍、一个食堂，看上去似乎足够用，但其实都已破破烂烂，有的还是危房。

2013年，大溪初中开始农村义务教育标准化建设，当年余干县教体局先投入43万元，给学校建起了围墙，改造了厕所。2014年投入92万元，建起一栋教师周转房，解决了农村教师的住宿困难，稳定了教师队伍。2015年投入140万元，建起了运动场，铺设了300米的塑胶跑道。2018年又投入140万元，对原有的教学楼和学生宿舍进行了提升改造。

仅仅经过几年的投入建设，大溪初中就彻底大变样。而学校崭新的面貌，更是极大地增强了周边群众对学校的信心和信任，原本流失的学生开始了迅猛回流。2018年12月，大溪初中的在校生回升到380人，2020年学生人数达到了900人。

校园建设工作的扎实推进，促使学生迅速回流，学生的大量回流，又反过来对校园建设提出了更高要求，大溪初中原有的教学楼、食堂、学生宿舍等很快又人满为患。2019 年，“义务教育薄弱环节改善与能力提升工程”开始全面实施，利用此契机，余干县教体局给大溪初中投入 280 万元，建起了一栋 1700 平方米的崭新学生宿舍楼。2020 年，又投入 300 万元新建了学生食堂。该食堂的二楼是报告大厅，满足了学校日常的集会、开会要求。

大溪初中校园建设上的巨大变化，符建中是全程见证者。谈及校园建设对重振学校的推动，符建中连说数声“没想到”。在他印象里，校园建设开始全面铺开、校园面貌刚刚改善时，很多学校就出现了与大溪初中类似的学生回流。而回流速度之快，让校园建设工作有些措手不及，遭遇了不小的压力。比如古埠初中，符建中印象非常深刻，光学生食堂就改扩建了三四回。一开始改建的食堂计划容纳 200 名学生就餐，没想到第二年学生就增加到了 500 人，于是再次改扩建。可刚建完没多久，学生又增加到了 800 人，只好继续改扩建。目前古埠初中的学生已达到 1600 人，食堂又一次面临不够用的局面。

自 2012 年开始启动“重振公办教育”改革，截至 2020 年，余干县累计投入各类资金 32.18 亿元用于城乡学校项目建设。

在城区，按照“东西南北”都要合理布局优质教育资源思路，投入新建、升级改造城区学校的各类资金高达7.5亿元，新建了余干一中、余干二中、余干三中、余干四中、余干五中、特殊教育学校、职教中心、实验小学、实验幼儿园共9所学校，新建、改建的城区学校面积达27.7万平方米。

在农村，新建成农村学校11所、教学点7所、九年一贯制学校5所。同时，投入3.65亿元实施农村中小学“薄改”项目，为全县近400所农村中小学新建教学楼3.2万平方米、综合楼4.6万平方米、食堂3.7万平方米、学生宿舍3万平方米、围墙4.5万米、校门227座，硬化操场20多万平方米，新建、改造运动场19.9万平方米，抗震加固及维修各类校舍7.2万平方米。

余干县重振公办教育，校园建设只是众多工作中的一环，但校园建设的日新月异，却对增强、坚定广大群众对于公办教育的信心，增强学校的吸引力、促使学生回流发挥了巨大作用。根据余干县教体局的统计，2013年的时候，全县没有一所农村初中学生人数达到1000人，却有多所农村小学甚至是零生源。到了2020年，全县学生1000人以上的农村初中已达到10所，原来零生源的学校学生人数也出现了大幅回升。生源实现“从无到有”、办学实现“起死回生”锐变的学校数量众多；

生源实现“由少变多”、发展实现“由弱变强”突破的学校多达数十所。

2019 年国家义务教育均衡发展验收，余干县在江西省获得了第一名，在全省教育系统引发强烈震动。这个成绩的取得，校园建设工作的扎实推进可谓功不可没。美丽的校园将余干公办学校昂扬向上的崭新面貌展示在社会各界面前，也让曾经极度失望的父老乡亲对家乡的公办教育重新树立起信心。

第十章

以人为本，德育为先

考察余干县重振公办教育的10年改革，很容易将目光主要集中在大力强化教育投入，激发教职员工教学积极性，注重教育的均衡、公平等领域。原因倒也好理解。在人们习惯性的认识中，这些领域是“有形”的，做了什么、做多做少，往往一目了然。而在这些“有形”领域，余干重振公办教育改革也的确做得扎扎实实、有声有色。

但是无论如何不能忽视的是，余干重振公办教育之所以取得明显成效，除了得益于那些“有形”领域的推进，还有很重要的一点，即在一个通常看来“无形”的领域，同样取得了现实的突破。从某种意义上说，正是这个“无形”领域的扎实推进，为“有形”领域的发展指明了方向，奠定了坚实的思想基础。这个“无形”领域，就是德育建设。

余干的教育改革起步于一个公办教育非常低落的时期。因为衰败、低落已久，公办教育系统人心涣散，教育理想、教育理念以及教育行为都滑落到极度堪忧的境地。这样的状态想要教出合格人才，显然不可能。因此重振公办教育改革伊始，余干教育改革者就面临一个艰巨的挑战，即如何尽快转变余干公办教育领域被扭曲的思想认识，重新树立起办人民满意的教育的坚定思想信念。

“风清气正好扬帆”。回顾改革历程，余干教体局局长段百达坚信：作风是旗帜，作风是形象，作风是发展的动力。一个系统和单位的风气如何，决定了这个系统和单位工作的成败。他认为，不能一提德育建设就认为只是学生的德育建设。对于教育系统来说，教育工作者的德育建设更加重要。余干重振公办教育改革的第一步，是从加强德育建设，改变工作作风和教育风气开始入手的。

2012 年 8 月，段百达代表余干县教体局新领导班子向余干县委、县政府作阶段性工作进展汇报。那时，段百达就任教体局局长刚满 9 个月，调整后的教体局新领导班子履新也才半年多。在此次工作汇报中，“正风气”被置于所有主要工作的首位。

改革伊始，“正风气”主要包括五个方面的内容：一是转变机关作风。因为教体局机关是全系统的龙头，是全系统的表率，是教育风气整顿的关键。二是扭转学校作风。重点集中整治影响学校发展环境的干部作风突出问题。三是整顿教师教风。针对当时群众反映强烈的有偿家教、违规购买教辅资料等问题，出台了《关于教师个人违规补课、强制学生购买教辅资料的处理暂行规定》，有效整治、规范了教风。四是净化评优评先风气。余干县教体局新领导班子彻底改革、优化了评优评先制度。按民主推荐、实绩加分、公示公开三个步骤开展教育工作先进个人的评选活动，并下派工作组到各学校指导监督学校相关工作的具体实施，保证受表彰对象的先进性、代表性和广泛性。评优评先工作方式的改进，一扫往日的不正之风，为余干教育发展树立了清正、公平的风向标。五是端正考风。余干县的考风此前之混乱名声在外，严重损害余干县的教育声誉。从2012年上半年进行的高考、中考、学业水平考试三大考试开始，余干教育改革者动真格，下大力刹住考试中的歪风邪气。严肃对待每一场考试，不仅表明态度、树立新风，也一举根除了多年痼疾，使余干考风走上健康、规范的轨道。

“正风气”绝不是一阵风，绝不是为赶快解决燃眉之急的权宜之计。将“风清气正”、德育建设予以固化，形成规矩、形成习惯，是余干教育改革者的最终目的。从2013年开始，在公办教育的改革发动已经完成，在改革的局面渐次打开并初步获得了良好的环境氛围之后，余干县教育改革者立刻将德育建设系统化、日常化，提到优先议事日程。

首先是坚持强化工作作风、师风师德建设，把“群众满意是对教育的最大褒奖”摆在突出位置。

对于教体局机关，坚持“严”字当头，把加强党风廉政建设和作风建设作为一项政治纪律和工作措施贯彻到底，与财务经费、人事任免、考风考纪、职称评聘、项目工程等日常教育工作一起部署、一起检查、一起考核。

对于师德师风，则在每年秋季开学前，常规性地进行为期一周的教师思想道德、业务能力等方面的封闭式学习，同时举办如“县‘十佳教师’暑期师德巡回演讲”等形式多样的活动，用身边的人和事，教育人、感染人、引领人，以典型引路，用先进引导。

其次是在校园内努力营造德育教育的文化氛围。

余干公办学校的德育建设有一个非常有特点的做法——校长德育述职。在每学年结束进行年终总结表彰的时候，每个学校的校长都要进行专题性的德育述职。这种述职不是泛泛而谈，而是详细地将本学年、本学校如何进行德育建设、如何开展德育教育、举办了哪些活动、有什么创新性做法、收到了什么成效、有什么经验教训等，逐条逐项地进行梳理、汇报、介绍。参加述职的各学校的校长也不仅仅是听听就完了，如果有什么问题和不理解之处，可以当场向述职人进行提问，述职人则必须予以解答。

德育述职是校长工作的重要组成部分，也是校长考核的重要指标。县教体局结合述职情况，对各个校长组织进行德育工作专项考核。考核结果排名后三位的校长，除了在述职会上作表态性发言，还要提出整改措施。如果连续三年排名都是后三位，则该校长将被视为不称职而淘汰出局。

校长德育述职一方面是从严治教的制度安排，另一方面也典型体现了余干公办教育在德育建设上的一个创新性特点：将“无形”的德育变为“有形”。

仔细考察余干县重振公办教育改革会有一个很深刻的感受：相比于许多其他县市极力追求升学率，余干县更加看重的是立德树人。这不仅仅是出于余干县是一个国家级贫困县，是一个农村人口占据绝大部分的大县的现实考虑，更反映出教育理念的不同。

在余干县调研，许多农村学校的校长、老师都不约而同地提到一个教育理念：我们不奢望自己的学生人人都能考上重点中学、重点大学，但是我们一定要让自己的学生成为身心健康的人。正是出于这样的理念和认识，在余干县重振公办学校的改革中，德育建设和学生健康成长被放在了首要的位置。重视学生、尊重学生、欣赏学生，成为德育教育的重要内容。

例如校园文化建设，在余干，校园文化建设尤为注重环境育人，不厌其烦地将校园文化细分为班级文化、走廊文化、食堂文化、寝室文化、厕所文化等，让学生时刻身处德育熏陶的环境中。对于爱国主义教育、国防教育、感恩教育、安全教育、中国传统文化教育等看似“无形”的德育教育，则采用多种具体的手法，尽可能用学生容易理解、容易接受的形式予以“有形”。例如升旗仪式，这原本是每一所学校每周乃至每天都要进行的活动。余干公办学校极为低落的时期，升旗仪式在有的学校甚至一度中断。有的学校即便还有旗杆立在那里，但满目荒芜的校园、懒散萎靡的校风，让升旗仪式失掉了仪式感和庄重感。升旗仪式所蕴含、所传达的教育意味，自然就大打折扣。

重振公办教育改革启动之初，余干教育改革者坚决在每一所学校恢复升旗仪式。升旗台的建设，也成为校建工作的重点内容。即便改革前期因财力所限，有的学校升旗台建得虽然非常简单，却照样一丝不苟，简单而不简陋。让学生在升旗台前一站，就心生敬意和崇高感。

为了时刻督促学生德育的养成，余干县教体局建立并不断完善了“德育题库”。题库中题目的类型，几乎囊括了学生生活、日常行为的各个方面。每学期从题库中选择题目进行知识竞赛或者抽查，寓教于乐，寓教于日常，让学生在潜移默化中完善德育教养。

再如开蒙礼、成长礼、毕业礼、成人礼、感恩礼，目前在余干公办学校中已经成为固定的隆重活动。它们不仅是传统文化教育的内容，也是学生日常行为规范养成的重要抓手。在余干教育者看来，这些德育教育形式和活动，是余干教育“以人为本，德育为先”的现实实践，更体现出尊重学生、欣赏学生的教育理念。

因此，在余干的公办学校中，德育教学完全不是一种板起脸来教训式的说教，而是细化、浸润到学生的学习与生活中。德育课也不仅仅局限在“课”的范畴，而是成为引导、指导学校全方位工作和施教的指针。

典型而鲜活的案例之一，就是古埠中心小学的“1+N”德育课程体系。

在前面述及学校人事制度改革时，我们曾重点描述过这所古埠中心小学。其校长史南城，是余干教育界的传奇人物。他曾在三个乡镇执教过，曾带领三所败落的农村学校“起‘失’回生”。“1+N”德育课程体系，就是史南城根据农村学校的现实以及自己长期的教学心得，探索、设计出的一整套德育教学体系。

史南城2012年调到古埠中心小学任校长。从2012年开始，在他的执掌下，古埠中心小学确立了“为孩子的幸福人生奠基”的办学宗旨，同时提出打造“校品雅致、师品高尚、课品大气、生品灵气”的四品学校的目标。在随后的工作实践中，史南城和古埠中心小学顺应时代要求、遵循农村小学生身心发展规律，紧紧围绕学生发展核心素养，探索学校德育工作新向度，逐渐构建出了极具特色的“1+N”德育课程体系。

“1+N”德育课程体系的“1”，指的是突出“全面发展的人”这一核心。史南城调任古埠中心小学校长不久便发现，公办学校破败导致了学校的社会评价极为负面，而这种负面的社会评价显著影响到了学生的心灵。很多学生自暴自弃，认为自己就是差生，因为他们觉得只有差生才到差学校。

史南城敏锐地意识到了问题的严重性。在他看来，这不仅仅是社会舆论的偏见，更严重的是教育理念和教育评价出了问题。如果不尽快加以切实扭转，将会毁了孩子的一生，这才是真正地让孩子输在了起跑线上。

如何扭转呢？史南城必须面对的现实是，农村学校的条件不比城市、县城的学校，农村学生也无法一味地与城市、县城的学生相比。

环境和个体有明显差异，但是将学生培养成为健全的人、成为全面发展的人的教育目标是一致的。史南城认为，古埠中心小学学生的文化课成绩尽管差一点，但其优点也非常明显，学生非常热爱体育运动，很多人足球踢得很好，跑步成绩也遥遥领先同龄人。

“这就是孩子明显的优点。为什么很多成年人视而不见？”

“我们古埠中心小学没有差生。认为古埠中心小学的学生是差生，那是你的教育评价标准出了很大问题。”

基于这样的认识，史南城认定，古埠中心小学要想重新振兴，学校必须首先要在思想上摈弃“古埠中心小学是差学校”的自我矮化。古埠中心小学的每一个学生，也必须走出“自己是差生”的心理阴影，重新找回自尊、自信与阳光。“为孩子的幸福人生奠基”是古埠中心小学的办学宗旨，史南城由此对学生提出了更加明确的要求——“赏识进步的自己”。

“赏识进步的自己”的精髓，在于时刻提醒学生看到自己每天进步的那一点点，更在于提醒所有教育者端正施教理念。史南城坦言，对于孩子们的学习成绩，他并不多么看重多考了一分还是少考了一分，但是他非常看重如何让学生“成为最好的自己”，非常关注学生“生命的成长”。他要求古埠中心小学的老师一定要赏识学生，而有了这个前提，学生也会赏识老师。在这种师生相互赏识的氛围中，学校和学生将共同成长。“一所能让学生快乐的学校，能让学生放了学也不愿走的学校，一定是好学校，学生一定会学习成绩和身心健康全面发展。这样的学校用不着你费尽口舌去宣传自己多么好，家长和社会也一定会认可你、信任你，一定会把自己的孩子送到这样的学校来读书。”

“全面发展的人”的思想，与史南城刚到古埠中心小学时提出的“为孩子的幸福人生奠基”一脉相承。在现实实践中，他的理念也硕果累累。2012年，古埠中心小学及所属的近30所村完小，全部学生加起来仅有1000人出头，而到了2020年，学生总人数已突破4000人。

“1+N”德育课程体系的“N”，是指学校根据“人文底蕴、科学精神、学会学习、健康生活、责任担当、实践创新”六大素养，结合校情、学情特点确定的德育课程内容和实施策略。

基于立德树人的教育根本任务，古埠中心小学明确德育课程的目标是培养“独立思想者、自主学习者、社会参与者”。学校德育课程建设致力于让每一位学生成为有健全人格和人文情怀的独立思想者，具有理性思维和质疑探究的自主学习者和拥有社会责任和实践创新的社会参与者。史南城和古埠中心小学特别关注“N”是否能为学生发展提供更大的效能，并在教学实践中努力增强“N”的延展性，根据学生心理发展的阶段性与整体性特点，以“核心素养”中明确的必备品格和关键能力为导向，将学校的德育目标与养成教育实践进行有效整合，把《小学生守则》《小学生日常行为规范》的理论要求，转化为一个个养成良好习惯的实践，从而建立起科学全面的德育课程体系、监管系统、评价机制。

为此，史南城将古埠中心小学“1+N”德育课程体系的主要内容概括为“三种习惯”和“四个自我”。“三种习惯”指的是学生生活习惯、学习习惯、道德习惯的养成教育。史南城认为，德育活动要尊重学生发展的阶段性特征，要抓住学生的“生长点”。在学生成长的每一关键环节上，精心设计实施，开展好主题活动，使活动真正起到“助长剂”的作用，以帮助学生健康成长。

“四个自我”则是在推进德育的过程中，坚决围绕“以人为本”的德育观，充分尊重学生的主体性地位，通过民主管理唤起学生自尊、通过自定班风激发学生自悟、通过德育作业促使学生自省、通过人生设计促进学生自立。

在实施策略上，“1+N”德育课程体系的推进主要依托“五类课程”与“六根主线”。

“五类课程”是主题班会课程、礼仪常规课程、体育艺术课程、科技创新课程、主题实践课程。课程内容基本上围绕着人文底蕴、科学精神、自主学习、健康生活、责任担当、实践创新六大素养来构建，并在实践中根据学生的情况，逐渐形成基础型、拓展型、体验型三个层次。其目的是尊重学生的生命个性，给学生提供“最适合的教育”。让学生在不同层面的课程中寻找、发现自己的潜能和天赋，找到最合适自己的发展、成长和表现平台，培养自己的核心素养。

“六根主线”分别是责任、感恩、五爱、知行、文明、健美。以六年为一个周期，古埠中心小学在每个学年都会推出一套课程，将六根主线有主有次地编入课程之中，在六年的周期内螺旋循环推进，从而做到年有主线、月有主题、周有推进点。

“1+N”德育课程体系显著改变了以往德育教学中容易出现的机械化、概念化、沉闷化的弊端，使德育课程大大活泼生动起来。这样的德育课程，教师愿意教，学生也愿意学。借助“1+N”德育课程体系，古埠中心小学的德育工作形成了环境熏染、活动体验、课堂渗透、集体完善的良好机制，取得了较好的效果。例如一位张姓同学原本是一个文化成绩与行为习惯都不太好的学生，辗转了几所学校后来到古埠中心小学。她在学校多样化的德育课程里找到了自信、找回了自己。进入学校足球队以后，她就像变了个人似的，训练非常刻苦，进步很快，不仅带领校足球队踢出了全县冠军的好成绩，她本人也被省重点中学作为特长生破格录取。

以人为本，德育为先。余干重振公办教育改革在德育教学领域的探索与突破，对于教育理念和实践有着极为现实的价值和意义。它生动地表明，学校的德育教学绝不是枯燥乏味的说教。在开阔、先进的教育理念观照下，德育建设将成为学生全面发展的基础，成为学生起跳的坚实大地。

第十一章

将民办学校纳入规范发展轨道

余干县是民办教育大县。余干的民办学校从21世纪初开始起步，经过10来年的飞速扩张，到2011年前后，已经形成了巨大的规模。民办教育的迅速增长，对余干县这个国家级贫困县的教育发展起到了显著的促进、补充作用。

但是，许多民办学校在飞速扩张中无序发展，抢生源、抢师资，有的甚至非法办学，对余干县的公办学校造成巨大冲击，也在很大程度上扰乱了正常的教育秩序。

因此，余干县重振公办教育的10年改革历程，也必然伴随着对民办学校的规范与治理。

余干县教体局社会力量办学管理股（以下简称社管股），曾针对余干民办学校的发展情况作过多次专题调研。根据他们的调研数据，截至2014年，余干县已有各级各类民办教育机构270所。其中，学前教育机构228所、完全小学14所、初级中学5所、九年一贯制学校5所、十二年一贯制学校5所、职业中专学校2所、社会培训类教育机构11所。全县民办学校共有在校（园）学生67342人，其中幼儿园27368人、小学18887人、初中12253人、高中8834人。

民办学校在校生占全县各级学校在校生的比例分别为：幼儿园81.57%、小学21.47%、初中41.74%、高中53.03%。全县民办学校（园）在读学生占全县在校（园）学生总数的41.74%。

这样的规模在全国是个什么水平？教育部2013年的统计数据显示，当年全国共有各级各类民办学校近15万所，在校生达4078万人，在校生在相应学段的占比分别约为：幼儿园51%、小学7%、初中10%、普通高中10%。

两相比较，余干县的民办教育规模不只大了一点点，其具备强大能力对余干公办教育进行蚕食也不难想象。

客观地说，余干县发达的民办学校有效弥补了公办教育的不足，满足了社会各层次对教育的不同需求，从整体上提升了余干县的教育教学水平。以学生寄宿为例，2014年的时候，余干县的29所民办学校全部是寄宿制学校，而当时公办学校却基本上没有能力解决学生的寄宿问题。因为从2002年秋季，国家开始实行“一费制”和义务教育免收费用的政策，公办寄宿制学校所赖以维持生存的寄宿费、伙食费、搭膳费、自行车管理费、水电费等经营性费用全部被取消，一下子就使原本条件也不怎么样的公办学校的寄宿制更加难以为继，最终消失无踪。

而余干县却是个劳务输出大县，每年约有 20 万劳动人口外出务工、经商。于是出现了这样的矛盾：一方面，学生家长因长期在外无暇照顾孩子而对学校寄宿有巨大的刚性需求；另一方面，公办学校又无力满足这样的刚性需求。矛盾之下，民办学校的吸引力就大大凸显出来了。在此意义上，应该公正地说，民办学校极大地缓解了上述矛盾。

但是，余干民办学校存在的问题也非常明显。比较突出的有以下几项。

一是民办教育在办学层次上与国家的政策指向偏离甚远，网点规划布局不尽合理，民办学校之间、民办学校与公办学校之间争抢生源的现象较为普遍。

长期以来，余干县公办学前教育、普通高中教育和职业技术教育相对薄弱，可这些领域的民办教育也同样薄弱，不能与公办教育形成良好的互补。特别是农村民办学前教育点多、面广、条件差，存在严重的学生接送车辆交通安全隐患以及饮食卫生安全隐患。

民办中小学校主要集中分布在县城及黄金埠、古埠、梅港、乌泥、白马等乡镇，布局、选址不尽合理。如在乌泥镇，不到 1 平方千米的公路沿线地区就有 6 所学校，其中有 2 所民办小学、1 所规模较大的九年一贯制民办学校、1 所公办镇中心小学、1 所公办完小、1 所公办初中。这些学校有的隔路而建，有的就是一墙之隔。再如仅一江之隔的黄金埠和梅港两个乡镇，集中分布着 8 所私立中小学，有近 9000 名学生在其中就读。

这种教育资源分布现状，既造成招生区域重叠、教育资源严重浪费，又造成各校抢挖生源、明争暗斗、势不两立之势。

二是存在非法、违规办学行为。根据余干教体局的调查，余干民办学校中无证办学（园）、幼儿园招收小学生、跨区域招生等非法、违规行为大量存在。2014 年，余干全县非法无证举办的幼儿园共有 29 所，非法招收中小学生的民办幼儿园、社会类教育服务机构有 6 所。这些非法、违规的办学行为不仅扰乱了正常的教育教学管理秩序，更加重了学生安全隐患。

三是部分民办学校（园）不依法办学，管理不规范。有的学校（园）举办者法律法规意识淡薄，依法办学意识不强，擅自违规办学、随意易址、变更举办者、改变办学层次，严重扰乱了民办教育市场。有的学校内部管理机构不健全，无规范的管理制度，学校教师管理不到位，没有与教职工签订规范的劳动用工聘用合同，教职工责、权、利不明晰，教师的合法权益得不到保障。一些学校无规范的财务管理机构和账目，学校财务收支情况不明。有的民办学校追求利润最大化，无节制盲目扩张，超标准超规模招生办学，致使大班额广泛存在，教师跨班跨学科教学现象也很严重。部分民办学校长期违规实行双周连排作息时间制。无视教育法规及上级主管部门的政令，擅自举行以招生为目的的学生选拔考试，致使学生学业负担过重。部分学校在办学过程中还常出现体罚、变相体罚，安全事故责任落实难。

四是民办学校普遍存在教师整体素质不高、师资队伍不稳等问题。余干县民办学校的教师除极少数是从公办学校花高价转聘的外，绝大多数是面向社会招聘的非专业教师。根据 2014 年的数据，当年余干全县民办学校（园）有教师 2601 人，持有教师资格证的只有 1401 人，占比仅约 53.9%，持证上岗比例太低，且这些持证上岗的教师大部分集中在几所规模较大、办校形成特色的民办重点学校。由于余干县民办教育发展迅速，合格教师成为抢手的奇缺资源，各民办学校之间竞相争夺有限的师资，导致学校之间互挖教师的事件频繁发生，加快了教师择校流动。据不完全统计，2014 年余干县民办教师的流动比例已超过了 15%。部分学校举办者不依法同招聘教师签订有效的用工合同，以规避“三险一金”责任，致使教师合法权益得不到充分的保障，也导致教师可随意择校流动。而民办学校越担心留不住教师，就越不愿加大师资培训的投入，由此出现恶性循环，学校与教师产生信任危机，既不利于民办学校的稳定和发展，也不利于教师的专业素养的成长和教学技能的提高，更不利于学生的学习成长。

五是部分办学者缺乏先进的教育思想和理念，办学目标不清、无特色，执行教育教学政策不到位。多数余干县民办中小学举办者之前是非教育工作者转型办教育，教育视野相对狭窄，教育观念落后。一些民办学校缺少短、中、长期发展目标，办学定位不准确、不清晰，日常工作开展缺少方向明确的指针，特色不明，学校管理一直无特色、无亮点，教育教学、校容校貌多年无变化。有的不严格执行国家的课程设置标准，教非所学，音、体、美及史、地、生等科目开课不足情况较为普遍，个别学校的语文、数学、英语周课时竟达到 15 节以上，是国家标准的两倍多，是典型的苦学苦练型应试教育，与国家大力发展的素质教育相去甚远。存在重学科教学、轻素质教育现象，导致学生价值观出现不和谐因素。学校课改很多不能紧随全县的课改步伐。不少民办学校校长、教师的思想认识和重视程度还远远不够，依然抱着老一套教学方法不放手。

六是安全意识淡薄，安全隐患难以彻底消除。一些民办学校的举办者和投资人，根本没有接触过学校教育或不在学校参与管理，对师生安全教育、安全防范仍停留在主观认识中，不愿花更多的人力、物力去整改、消除安全隐患，甚至为了局部利益刻意隐瞒隐患，对存在的安全隐患抱有极大的侥幸心理，对学校师生人身安全构成极大的威胁。例如，民办学校（园）大规模学生往返需要校车接送，导致存在极大的车辆接送学生的交通安全隐患。2014 年，余干县有接送学生的车辆 609 辆，其中专用校车 128 辆、非专用校车 481 辆，需要接送学生数约 27096 人，涉及学校、幼儿园 147 所，其中民办学校、幼儿园 133 所，占总学校数的 90.5%。非法营运、超员超速、交通运力不足等问题显著。学校食堂卫生和食品安全问题也很突出。2014 年，余干县民办学校（园）大约有 35000 名学生需要学校集中统一供餐。然而各校（园）学生饮食安全仍存在重大安全隐患，主要包括：一是部分属于无证经营，食品安全监管存在严重漏洞，食堂从业人员多数没培训持证上岗，流动性大，个人卫生意识淡薄；二是大部分基础设施设备落后，食堂卫生条件达不到要求；三是管理制度不健全，食品采购索证索票、“三防措施”、食品留样等安全台账不清，食堂食品安全管理存在诸多漏洞。

从上述分析可以很清楚地看出，余干县民办教育存在不少问题，有的问题还相当严重。2012 年 4 月，教育部对余干县民办教育发展情况进行专题调研时，就对余干民办教育发展规模之大、管理之混乱感到震惊，对其不断侵占公办教育领地深感忧虑。因此，余干县开始重振公办教育改革的时候，有不少人建议对于余干民办学校严加管束，还有不少人建议干脆一关了之，既断绝后患，也为公办学校腾出发展空间。

这样做自然简单干脆，但是余干县教育改革者经过认真研究认为，粗暴地一关了之绝不是政府教育主管部门应有的行政作为。对于无序发展、非法办学应该严管，但必须严而有据、依法行政。

重振余干公办教育改革启动之时，余干教育改革者面临着巨大的工作和精神压力，稍有不慎就容易出现决策失误。现在回顾当时，让人感到无比欣慰的是，在那样的艰难时刻，改革者们没有为尽快取得政绩而粗暴行政，而是展现出高度的改革智慧和法治意识。

余干县教体局领导班子认为，民办教育是深化教育体制改革、拓宽教育投入渠道、推动教育发展的重要力量，是余干县教育的重要组成部分，与余干县的公办教育一起构成车之双轮、鸟之两翼。只有公办、民办教育协调发展，双轮驱动，两翼并举，余干教育才能驰骋千里，翱翔天宇。

基于上述认识，按照“积极鼓励、大力支持、正确引导、依法管理”的方针，同时结合余干县民办教育实际情况，余干县教体局决定：把民办教育发展重心转到规范管理、提高质量上来。

针对民办学校存在的问题，并考虑到民办学校今后的发展，余干县有针对性地出台了系列规范措施。

首先，加大检查力度。一是开学检查。每学年开学时，将民办学校的开学情况纳入教育教学常规管理，对各单位的收费公示、文化建设、安全管理、教学秩序等多方面进行检查，督促学校的各项工作步入正轨。二是专项评估。为把有关教育教学工作落到实处，坚持把“专项评估”作为教育评估的主要方式，每年至少开展一次专项评估活动。2014 年 11 月，组织开展了学校德育工作专项评估活动，首次授予了新时代学校和蓝天中学“德育工作示范学校”荣誉称号。2015 年 11 月，为督促、指导全县中小学贯彻执行国家教育法律法规和方针政策，全面落实国家和地方课程设置和课时安排，组织开展了教育教学常规工作专项评估。此次评估，既收集到了一些好的管理经验，发现了一批优秀的年轻教师，也发现了不少的问题。三是年度检查。每年 4—5 月，均开展对民办中小学的例行年度检查。同时出台《余干县民办中小学校、幼儿园年度检查管理方案》，对民办中小学校分别从办学条件、办学行为办学效益、资产与财务管理三个方面加强监管。对民办幼儿园，则从办园条件、园务管理、保教队伍建设、教育教学活动、安全措施五大方面提出了具体要求。四是过程督查。这是余干县加强民办教育管理的一项创新性措施。自2014年秋季起，余干县加大对各民办中小学和幼儿园不定时间、不定地点、不定人员的过程督查力度，通过实地查看、推门听课等形式，对日常管理情况进行督查，只要发现了问题和不足，就当场反馈整改意见，并督促整改落实到位。

其次，落实安全措施。一是坚持就近入学。根据“就近入园、方便接送”的原则，余干县自2014年秋季起实行了各公办、民办幼儿园划片招生制度，出台《关于进一步规范调整公民办幼儿园（班）招生学区的通知》，给各幼儿园划定了招生区域，对跨区域招生的行为提出了明确的处理意见，有效化解了幼儿园大规模跨区招生带来的重大安全隐患。二是加强校车管理。2012年，成立了余干县校车安全管理领导小组和过渡时期校车管理办公室，组织教育、公安、交警、交通运输等部门，专职抓好校车安全管理和非专用校车整治工作，还成立了安达、永安两家校车服务公司。2014年余干县开始实施新的校车管理模式，清理了非法接送学生车辆，并对每辆校车安装了GPS监控系统。制定推行了《余干县校车行车记录表》制度，每趟出车的运行和学生乘坐情况由驾驶员和随车照顾人员进行详细登记。三是加强安全教育。利用季节特点和学生年龄特点，开展健康教育、防溺水安全教育、安全应急演练等行之有效的安全管理措施。

最后，加强规范办学管理。针对民办学校中存在许多招生不规范行为，包括发布虚假广告、抢夺生源等，出台系列规范制度，加大整顿力度。一是规范办学行为。按照余干县政府出台的《关于加强民办学校管理的意见》，对民办学校课程开设、常规教学、教师聘用、学生收费、校舍建设、学生用车、招生计划和宣传等强化管理，统一规范，将民办学校纳入全县学校评估评比。二是规范教师管理。严格落实余干县政府《关于规范我县公办学校教师到民办学校任职任教秩序的意见》，与从公办学校到本县民办学校任教的教师签订协议。对民办学校新聘教师，对其教师资格证进行定期检查，杜绝教师无证上课现象。三是规范招生行为。按照民办学校师资、校舍等情况综合考虑下达招生计划，对超计划招生的学校进行经济处罚并在全县通报；严格招生宣传广告审查工作，及时发布高考、中考信息公告，对个别学校乱打广告、虚假宣传、违规招生的行为进行查处和整顿，实行招生广告审批制。四是规范收费标准。根据分类管理的原则，余干教体局配合物价部门根据当地群众生活水平以及学生在校时间等因素核定民办学校收费标准，实行一次性收费。对民办教育机构的财务实行严格的监管。目前，余干县民办教育已经从昔日的鼓励发展期步入规范管理期。五是规范审批手续。自2012年来，严格执行余干县人民政府办公室《印发关于加强全县民办学校管理意见的通知》文件精神，严把民办学校（园）的审核审批关，规范民办学校（园）的各项管理。

民办教育规范、有序发展，加强管理是题中应有之义，必要且必须。而余干县教育改革者的视野和站位显然更高一层，在重视管理的同时，他们还重视以极为现实的举措，支持民办学校发展，力促余干民办学校办出特色，做大做强做优。

比如在用地方面，民办学校用地和建设享受同公办学校同等优惠政策，新建、扩建民办学校一律按照公益事业用地的有关规定给予优惠。在师资支持上，余干县至今仍然允许教师在公办学校与民办学校之间合理流动。公办学校教师到民办学校工作的，工龄连续计算。民办学校教师在教师资格认定、业务进修、表彰奖励等方面，与公办学校教师同等对待、统一管理。在办学环境上，余干县教育、公安、交通运输、工商、文化和环保等部门加强民办学校周边环境的综合治理，严厉打击干扰和破坏学校教育教学秩序的违法行为，保障了民办学校的安全和稳定以及教育教学秩序的正常化。

民办学校中的困难学生特别是建档立卡困难户子女，也与公办学校学生享有同等受资助权利。另外，考虑到民办学校校车使用频繁、使用量大的客观现实，余干教育主管部门在规范管理的基础上，对用于接送学生上下学的校车派给向民办中小学校和幼儿园倾斜，派给民办中小学校和幼儿园的校车占全县校车使用的 87% 以上。

强有力的支持政策，使余干民办学校在走上规范发展道路的同时，也获得了强劲的发展动力。目前，余干的民办学校依然规模庞大，但更为显著的特点是，民办学校的内涵发展取得了很大突破，打造出了一定的品牌效应。例如新时代学校、蓝天中学、中英文实验学校、蓝天实验学校等，它们或是江西省重点中学，或是省里重点建设的中学。它们与余干名牌公办学校一起，共同塑造了余干教育大县、教育强县的声誉和形象。

第十二章

教育扶贫的“余干经验”

余干县曾是国家扶贫开发重点县。2019年4月，经过艰苦不懈努力，余干县一举摘掉戴了33年的贫困帽，成功退出国家级贫困县序列。

从时间上能够明显看出，余干重振公办教育的10年改革，大半历程伴随着该县的脱贫攻坚。这是考察余干重振公办教育不可忽视的背景。因为国家级贫困县这个大背景同时也是余干重振公办教育改革推进的现实基础，毫无疑问，它在客观上为改革带来了难度。

但是余干县教育改革者的改革智慧在于，将重振公办教育改革与脱贫攻坚进行充分结合，从而收到了一举两得、事半功倍的成果。按照“人人有学上，家家有希望，阻断贫困代际传递”的工作思路，余干县实施了明晰、精准的教育扶贫行动，有效扭转了余干县的教育贫困态势，不仅为整体脱贫提供了巨大的智力支持，也通过自身的探索、实践，走出了一条富有特色的教育扶贫之路，为教育扶贫贡献了思路开阔、富有启发意义的“余干经验”。

搞好公办教育，让学生有学上

在余干调研期间，我们走访了几十所乡镇、村级学校，一个非常强烈的印象是，虽然学校外观看上去水平参差，但无一例外都在尽可能地加强学校建设。

在瑞洪镇，一座崭新的学校——南墩学校拔地而起。校园占地面积以及教学楼的规模让人很难相信这居然是一所乡镇级别的学校。

余干县教体局局长段百达向我们介绍，尽管财力较为薄弱，但余干县委、县政府对教育的投入全力保障。为保障孩子有学上，近年来余干县通过“新建扩充、优化布局、改造升级”，显著改善了城乡办学条件，提升了教育信息化程度。

一是新建扩充优化城区教育资源。立足缓解城区学校大班额、大校额难题，按照“优化布局，新建升级”的思路，全力扩充城区优质教育资源：5 年来，用于新建、升级改造城区学校的各类资金高达 6.5 亿元，新建、改建的城区学校面积多达 26.7 万平方米，为新中国成立以来前 60 年新建城区学校总面积的 2 倍。除此之外，过去 5 年还投入了 3000 万元，对城区老学校进行改造升级，逐步形成了西有余干一中、实验幼儿园、余干四中、县职教中心、特教学校和余干九小，东有余干中学、余干三中、实验小学和余干八小，南有余干六中、余干二小、余干三小、余干五小和县幼儿园，北有余干二中、余干五中、海尔希望学校、余干十小和城区中心幼儿园，城中有余干六小和余干十一小的教育网点布局。

二是升级改善农村教育资源。在确保 3 万人口以上的大乡镇建有一所初中，3 万人口以下的乡镇办好九年一贯制学校，半径 2.5 千米范围内必须有一所村完小的基础上，积极实施农村中小学“薄改”项目建设。过去 5 年，共投入资金 3.65 亿元，为全县近 400 所农村中小学新建教学楼 32238 平方米、综合楼 46108 平方米、食堂 37318 平方米、学生宿舍 30080 平方米、围墙 4.5 万米、校门 227 座，硬化操场 20 多万平方米，改造运动场 40530 平方米；抗震加固及维修各类校舍 72144 平方米，D 级危房全面消除，C 级危房全面改造。购置中小学生纸质图书 70 多万册、学生课桌凳 86000 套，购置学生餐桌 5200 张、学生床 4200 张、学校厨房灶具 28 套；建设各类功能室 158 间，采购各类实验器材、音体美卫器材 1.5 万套。

三是加快普及现代化教育基础设施。为适应教育信息化的时代大势，5 年来共投入资金 6700 万元，配置多媒体教学设备（班班通）2536 套、学生计算机房 76 间、专科教师专用电脑

3200台；筹集各项资金530万元，为150所村完小解决宽带租赁费，建设了一批教学录播教室；注册教师人人通空间5632人次，学生及家长人人通空间128000人次，有力地促进了边远学校的信息化教学。

余干的公办学校在21世纪初曾出现大幅度倒退。由于财政吃紧，缺乏必要投入，当时的很多农村校舍破败不堪。而城镇化发展尤其是民办学校的大力扩张，更是猛烈冲击了公办教育。民办学校曾经一度占据余干义务教育的半壁江山，无论是校园硬件还是师资力量，都显著好于公办学校。虽然民办教育是公办教育的有益补充，但问题在于民办学校终究受经济利益的左右。因为收费远高于公办学校，家庭贫困的学生更加无力求学，失学辍学现象一度较为严重。

正是看到盲目发展民办教育的弊端，余干县委、县政府下定决心重振公办教育。2011年11月，段百达就任余干县教体局局长后，立即全力贯彻县委、县政府的工作精神，将工作重点聚焦到余干公办教育事业发展上。

“当时大家都说余干公办学校没有吸引力。我认为这话没有错，一个公办学校看上去破破烂烂，校舍东倒西歪、透风漏雨，它怎么能有吸引力！”段百达说。

“首先要让学生有正常上学的地方”成为余干重振公办教

育的第一切入点。但是财政状况捉襟见肘，校舍建设计划要执行开来并不容易。他们是如何做到的？

“还不是精打细算节省出来的。”余干县教体局工作人员说。

“精打细算”是我们在余干调研期间听到最多的一个词。当地人每提到这个词的时候，无一例外地说到段百达。“水泥、钢筋等各种建筑材料，甚至是一平方米草坪或者一棵树，段局长都精打细算得很，他不浪费一分钱，让每一分钱都花得物超所值。”我们接触到的几十位中小学校长，对此都深有体会。

“不精打细算怎么办呢？虽然现在贫困帽子摘了，国家的扶贫力度也很大，可终究家底太薄。政府对教育投入的每一分钱都来之不易，必须不折不扣地用于教育。这没什么大道理好讲，这是教育工作者的荣誉，更是职责所在。”段百达在接受我们采访时说。

正是这样的财政状况，造就了段百达的“精打细算”。但也正是他的“精打细算”，硬是为余干公办教育“精打细算”出了一片崭新的天地。

在新生乡西岗小学，教学楼虽看上去有些简陋，但与前两年相比已是天壤之别。

黄金埠镇新庄小学曾经是当地较好的小学，生源辐射周围数个村子。但因缺乏投入，校舍极为破败，再加上附近私立学校的竞争，不仅生源迅速流失，连老师也陆续离职了好几个，学校很长一段时间难以为继。

经过多年坚持，“首先要让学生有正常上学的地方”的理念逐渐结出硕果。现在新庄小学的校容校貌已经彻底改变，崭新的教室已经建好并投入使用。昔日破败的校舍还有大约半间留在原地，恰好映射出这所学校的演变。

随着公办学校基础设施的改善，生源也出现回流之势。例如石口中学和乌泥初中两个学校，2014 年前初中学生总量仅为 340 余人，到 2019 年两校共增加学生 1200 余人。曾经在余干教育占据半壁江山的私立学校，目前占比已不到 1/3。

“公办学校做教育扶贫不仅是责任，更有优势。”对于大力办好公办教育和教育扶贫之间的关系，段百达有自己的一整套逻辑。他认为，公办学校中学生的开支极为有限，这本身就减轻了贫困学生家庭的负担，有利于脱贫。而这一点显然是私立学校无法比拟的。从这个角度来说，办好公办学校，把学校建得整洁、漂亮，在很大程度上能够增加人们对公办学校的信任和信心，从而吸引更多学生到这里来上学。

在段百达看来，教育方面不必要的开支少了，贫困学生家庭的负担减轻了，省下的钱客观上可增加其他方面的消费。所以，搞好公办教育不仅是教育扶贫，更是对地方经济发展的有力支持。

完善救助体系，让学生上得起学

从某种意义上说，“让学生上得起学”的任务比“让学生有学上”更为艰巨。学生数量众多、条件千差万别，如何精准识别、精准扶贫，实现“义务教育全保障”“教育资助全覆盖”，成为余干教育扶贫面临的挑战。

余干的做法是，通过纵向深入开拓，形成县政府、教体局、乡镇、村、第一书记以及各级学校的双线工作机制。

首先是保障贫困生资助金发放一分不少、一人不漏。在每年的 4 月和 9 月，要求各级各类学校上报在校学生花名册，将各类数据与同期“国扶系统”3 ~ 22 周岁人员信息进行比对，全面掌握本县就读的建档立卡贫困户学生信息。通过数据比对，及时掌握此类学生的去向及就读情况。组织教师进村逐户进行核实核查，有针对性地制定了“五要发、五不发”资助金发放评审细则，做好评审工作。“五要发”学生为：建档立卡贫困户学生、父母双亡或单亡贫困家庭学生、低保家庭学生、父母残疾及本人残疾贫困家庭学生、因突发事件或家庭成员患重大疾病致贫家庭学生；“五不发”学生为：城镇家庭有两套及以上房产家庭学生，有私家车及生活较富裕家庭学生，父母注册公司或有比较固定收入家庭学生，父母为公职人员、村干部或者有一技之长的专业技术人员的学生，父母为资助工作人员近亲属的学生。资助金全部通过“一卡通”账号直接发放到家长手中，不允许发放到学校，防止学校变相将教育资助金用于发放学校工作人员的工资。自2016年至今，余干县已资助建档立卡贫困户学前幼儿25623人次2261.15万元，资助义务教育阶段在校寄宿建档立卡贫困户学生41309人次2443.46万元，资助普通高中建档立卡贫困户学生11789人次1229.77万元，资助中职学校建档立卡贫困户学生484人次48.4万元，资助在外省就读学前教育至高中阶段余干籍建档立卡贫困户学生3860人次286.28万元，政策性地做到了应助尽助。

其次是健全体制机制建设。以乡镇为单位成立了教育扶贫工作队，明确辖区内一名校长为教育扶贫工作队队长，其他学校校长为副队长，每个学校抽调精干人员组成扶贫工作专业队伍。把全县25个乡镇场分为6个片区，在余干县教育系统形成了局班子成员挂片、股（室）长包乡、校长及学校领导包村的教育扶贫工作体系。同时，在每个学校成立校级学生资助管理中心，具体负责教育扶贫和学生资助政策落实的相关工作。建立激励机制，把扶贫资助工作作为干部能力锻炼平台以及人事任用的重要依据。

最后是强化宣传引导，确保教育扶贫政策内容全覆盖，资助对象全覆盖，教育扶贫人员培训全覆盖。

全面控辍保学，不漏掉一个学生

如果说构建起教育扶贫的兜底大网是攻坚的话，那么控辍保学则是比拼耐力和持续性的长跑。一定程度上，控辍保学做得如何，能够体现出教育扶贫的成色。

2020 年 5 月中旬，教育扶贫专干在巡查中发现玉亭镇周家村一名叫周小婉（化名）的学生在开学后未如期返校，立即将情况通报给周小婉所在的玉亭镇中心小学。通过了解得知，这名学生的父母已经离异，学生本人已经跟着父亲去安徽滁州打工。

掌握相关情况后，玉亭镇中心小学立即会同镇政府、村委会相关扶贫专员赶赴滁州，多方做工作，将她劝返。劝返后，考虑到她家中留守的只有重病的爷爷，难以对她进行照顾，而她原来所在学校无法提供食宿，于是将她安排到条件较好、能够提供食宿的余干二中就读，并提供了相关资助。

这个案例在余干教育扶贫中是一个很平常的例子，却形象地反映出余干控辍保学的典型做法。

为了解控辍保学的相关流程，我们专程赴该县人口大镇黄金埠镇进行深入调研。

黄金埠镇位于余干县南部，面积170多平方千米，人口10.5万人，是余干第三大人口镇。黄金埠镇下辖31个行政村，2019年财政收入3.5亿元，在余干属于经济条件较好的乡镇。通过排查，黄金埠镇有贫困户2796户、贫困群众11226人。经过扶贫攻坚，还剩1100多人尚未脱贫（目前已全部脱贫）。

“近几年来，按照相关扶贫规划，黄金埠镇实施了十大扶贫工程，其中教育扶贫的投入占比最高。”黄金埠镇党委书记李建军向我们详细介绍了该镇控辍保学的具体做法。

一是加强部门联动管理，建立健全“双线”目标责任制，即县、乡、村党政一条线，教育行政部门、学校一条线。落实县级政府与乡镇政府、乡镇政府与行政村之间学生入学目标责任书，教育行政部门与学校、学校与教师、教师与家长之间的“双线控辍”责任书，逐级分解控辍保学目标任务，做到责任到人、措施到位，形成一级抓一级、层层抓落实的工作格局。二是注重法律控辍，对于极个别多次劝返仍拒不履行的，由乡镇人民政府下达行政处罚书。仍不履行的，由政府作为诉讼主体，依据《中华人民共和国义务教育法》《中华人民共和国未成年人保护法》向县人民法院提起诉讼。三是加大扶贫控辍、切实落实资助政策，确保学生不因贫辍学。四是重视质量控辍。通过“扶智扶志”“扶贫先扶志”“教育扶贫，青年在行动”等活动，让人们真正认识到教育对于脱贫、扶贫的重要意义和价值。五是强化保障控辍，以增强控辍保学工作的后劲。通过改革教育评价方式、改革教育管理体制、优化学校布局、升级改善农村教育资源等措施，全面提升了教育的软硬件基础，增强了公办教育的实力和吸引力，为教育扶贫提供了强有力支撑。

针对有残疾儿童不能随班就读的实际问题，黄金埠镇开展了形式多样的“送教上门”。依据残疾类别，因人而异制定送教上门方案，为每一位需要送教上门的残疾学生建立完善的档案，实施科学、专业的送教服务。

“还有一类辍学学生，他们的年龄已经超过义务教育所对应的年龄，无法进入相应的年级继续完成学业，而且这些学生大多已进入社会务工，许多在外地。”李建军对我们说，针对这样的情况，按照县里的部署，分期分批地对 17–18 周岁的超龄离校学生进行50个小时的线下集中培训和250个小时的线上培训，同时结合他们的实际情况，侧重进行工作技能培训，以使这些已走向社会的学生能够掌握一项技术、一门手艺，从而提高在社会上的生存能力。

形式多样、符合实际的举措，使黄金埠镇的控辍保学工作成绩斐然，各项指标均处在余干前列。

强化师资和管理，确保每个孩子上好学

配齐配优师资是保障乡村孩子上好学的首要条件，为此余干县大力推进师资配置改革，努力缓解边远学校师资紧缺的局面：一是新进教师分配主要向农村小学倾斜。把近5年来新聘用的1900多名特岗教师、定向师范生等各类教师全部充实到农村中小学教师队伍中。二是“支教”下派师资。近年来，从县、乡镇及郊区学校选派优秀教师400人次到离乡镇政府所在地较远的农村小学支教。三是分流“富余教师”。对新桥初中等13所学校的262名教师进行了分流安置工作，将这些教师全部补充到师资紧缺学校的教师队伍中。四是安置“回流教师”。制定出台了《民办学校返岗教师安置方案》，近5年来，稳妥地将在民办学校任教、合同期满、自愿复岗的300多名教

师复岗到农村中小学特别是边远村完小，化解了部分农村小学师资不足的矛盾。五是强化教师培训。坚持推进教育交流合作，与上海市普陀区教育局签订了教育交流合作协议，并同其他省市多地教育部门开展了教育交流活动。近 5 年来，从农村幼儿园教师和校长的培训，到高中教师和校长的培训，从校本培训到县级教研培训，再到市、省各类培训，依托各级各类平台，“请进来、走出去”将近 2.3 万人次，有效提升了全县教师教育教学水平，更新了现代化教育理念。

为确保教师下得去、留得住，余干县办妥了关爱教师、稳定队伍的“三件实事”。一是顺利解决了多年来教师职称未聘任问题，近 5 年来共解决了历史遗留的 1610 名教师职称资格聘任问题，极大地调动了教师的工作热情和干劲。二是改善了教师工作生活条件，近 5 年来改建学校教师食堂 117 所、教师周转房 489 间，为农村中小学教师更换了 4000 套办公桌椅。为稳住新进特岗教师，支持鼓励乡镇中心小学帮助村完小购买电动车、自行车、电视机、冰柜和装宽带等，要求学校安排特岗教师相对集中食宿，解决外地特岗教师的后顾之忧。三是建立余干县名师名校奖励基金制度，在实施艰苦边远地区农村中小学教师特殊津贴发放的基础上，建立了突出贡献教师政府补贴和边远地区乡村教师政府资助机制，进一步提高乡村教师待遇，有效稳定了农村教师队伍。

坚持规范管理，进一步促进城乡学校管理均衡。一是规范村完小管理。出台《关于进一步加强农村小学管理的意见》，加强了“四个直接管理”，即校长直接任命、师资直接调配、经费直接拨付、督查评估直接到村完小。确保了“五个优先”，即项目优先安排、资金优先落实、师资优先考虑、评先优先照顾、职称优先解决。有力保障了村完小教师数量，进一步缩小了城乡学校办学条件和办学水平的差距。二是规范食堂监管。完善《余干县中小学食堂管理暂行办法》，严禁食堂由私人承包或变相私自承包，要求按照“自愿入伙、即时付费、规定上限、及时结算”的原则，建立学校食堂专用台账，将食堂经费全部纳入教育核算中心管理，对食堂收费、物资采购、资产管理进行严格监督管理，充分保障了学校食堂的公益性和服务性。三是规范招生行为。制定了全县小学、初中、高中招生计划，重点对城区公办学校和民办学校的大班额进行了控制和化解。加强了对暑期学校招生工作督查，严格落实国家关于义务教育招生政策，严禁跨区域、跨学区和有偿招生行为；根据相关政策和法规制定了余干县进城务工农民工随迁子女的就读办法和程序，保障了他们接受义务教育的权利。

狠抓教育质量提升。一是坚持校长引领。要求校长在片区上公开课，副校长在学校上公开课，向一线教师示范课堂教学，引导校长把工作重心回归，关注课堂和教研。二是坚持课改推动。把全县中小学分为6个片区，定期交流教学和管理经验，组织片内教师相互听课、观摩，并通过开展网上晒课、同课异构、教学大比武、教导主任教案设计比赛、课题专题讲座、优质课评比等活动，促进了课堂教学理念的更新。三是坚持推进德育为先。重点推进了爱国主义教育、普法教育、“书香校园”、“少年传承中华传统美德”系列教育活动和良好行为习惯的养成教育。全县在足球、社团、劳动、国学、家校合作、红色和本地文化等方面获得了国家和省市部门认可的特色德育学校已有36所，校园文化建设呈现出“形神兼备”的特色。如乌泥中心小学，以“感恩励志”为校园文化主题，通过多种形式、多种途径，来充分彰显学校精神内涵，对学生品格的培养起到了极好的作用。四是积极打造特色教育。坚持足球育人，在全县各中小学全面推广校园足球活动。全县有余干二中、余干四中、海尔希望学校、石口中学、新时代学校等7所学校被评为全国青少年校园足球特色学校。近5年来，余干县派出的学生足球运动队在省、市校园中小学生足球大赛中共斩获2个第一名、7个一等奖、4个二等奖。五是坚持“劳动实践育人”，引导全县中小学紧密联系学校实际，坚持有计划、有组织、有目的地组织学生参加种植蔬菜等丰富多彩的劳动实践活动。

得益于教育教研改革的不断深化和教育管理的日趋完善，余干教育综合竞争力逐年增强，教育质量稳步提升，群众对教育的满意度明显提高。近几年来，全县高考一本、二本上线人数实现了连年稳步增长，每年均有学生被清华、北大等名校录取。

企业对口帮扶，为教育扶贫提供支撑

余干的教育扶贫之所以能走上良性的发展轨道，取得令人瞩目的成绩，除了得益于工作思路清晰、相关措施符合实际且落实到位，还有赖于外界援手的大力支持。其中，中国出口信用保险公司（以下简称中国信保）针对余干县的对口扶贫发挥了巨大作用。

中国信保是我国唯一承办出口信用保险业务的政策性保险公司，也是四家政策性金融机构之一。据了解，余干是中国信保定点帮扶的第二个国家扶贫工作重点县。从2016年起，中国信保即正式展开了针对余干县的扶贫工作。

最初，中国信保对余干的定点扶贫，是按照民生扶贫、产业扶贫的一般思路进行的。通过一段时间的实践，中国信保认识到，与物质上的脱贫相比，智力脱贫、精神脱贫更重要，因为它们直接触及致贫的要害，教育扶贫才是扶贫开发、扶贫助困的治本之策。正是基于这样的认识，中国信保将在余干县的扶贫工作重点逐渐转向了教育扶贫。

为了更加详细了解中国信保在余干的扶贫工作，我们采访了中国信保向余干派出的扶贫干部，余干县委常委、县政府挂职副县长陈晶。

据陈晶介绍，2016—2020 年，中国信保已连续 5 年对余干义务教育阶段建档立卡贫困户中小学生进行帮扶，帮扶力度逐年增大。2018 年实现了对义务教育阶段建档立卡贫困户中小学生帮扶的全覆盖，每人每年资助 500 元，累计资助建档立卡贫困户学生 63112 人次，资助资金 3290.93 万元，确保了义务教育阶段建档立卡贫困户学生顺利完成学业。

为了鼓励向学，倡导并树立积极向上的求学风气，近 5 年来，中国信保奖励中考成绩优秀的建档立卡贫困户学生 400 人共 40 万元，奖励高考成绩优秀的建档立卡贫困户学生 160 人共 48 万元。

中国信保在余干的扶贫助学采取的是对建档立卡贫困户

学生全覆盖的模式，实实在在的帮扶投入取得了良好的社会效益，极大改善了余干义务教育阶段建档立卡贫困户学生的生活，使“人人有学上，家家有希望”成为现实。

在余干开展教育扶贫过程中，中国信保极为注重扶贫资助的精准性。据陈晶介绍，中国信保的扶贫干部将深入一线作为扶贫的基本要求。他们进农家门、知农家情，确保一对一扶贫到位。他们在工作中发现，有许多重度残疾儿童和孤儿无法随班就读，这背后都是一个个支离破碎的贫困家庭。

为了加大对这部分学生的支持力度，2019 年，中国信保在余干教育扶贫项目中创新增设了“中国信保重残及孤儿扶助金”，每年每生扶助 1000 元。

余干县古埠镇张杨村贫困户曹某，其儿子不幸于 2014 年去世，儿媳遭受打击后精神病突发，离家出走杳无音信，留下了 3 个孤苦的孩子，大孙女 11 岁，就读五年级；小孙女 7 岁，就读一年级；小孙子 6 岁，在幼儿园就读。了解实际情况后，中国信保立即将 3 个孩子纳入“中国信保重残及孤儿扶助金”扶助对象，每年每生帮扶 1000 元，2019—2020 年，3 个孩子共享受中国信保扶助金 4000 元。同时，大孙女还 4 次享受了中国信保助学金 2000 元。

“中国信保重残及孤儿扶助金”设立后，2019 年共扶助重残学生 170 人、资金 17 万元；扶助孤儿学生 284 人、资金 28.4 万元。2020 年扶助重残学生 149 人、资金 14.9 万元；扶助孤儿学生 226 人、资金 22.6 万元。截至 2020 年 7 月，中国信保已累计向余干投入专项教育扶贫资金 3461.8 万元。

后　记

改革仍在继续

2020 年 7 月，北京的疫情刚一缓和，我和江老师就迫不及待地踏上了南行的列车。持续半年多的疫情让人极度抑郁。列车开动的那一刻，有种感动的轻松在心里升起，又仿佛逃离，终于挣脱了无边的压抑。

我们的目的地是江西省余干县，那是江老师的老家，而我，则是第一次踏足那片土地。我知道这是鄱阳湖边的一个县，于是“余干”二字，在脑海里总是烟波浩渺。

此行目的是去调研余干县的教育扶贫。余干县曾是国家级贫困县，2019 年 4 月刚刚“摘帽”。余干县又是一个历史古县以及人口和农业大县。这样的县情，一般而言也往往意味着教育的捉襟见肘。但是在教育扶贫方面，余干县做得颇有成效，其许多做法个性鲜明，让人忍不住前往一探究竟。

7 月的余干已是盛夏。我们在余干调研期间，恰好赶上鄱阳湖发大水，许多乡镇都忙着抗洪，有的村庄开始疏散村民。余干县的日常生活倒是看不出有太大影响，但也能感觉到有隐约的紧张。

我们的调研按部就班地进行。十几天里，我和江老师走访了几十所农村学校，访谈了数十位最基层的老师以及教育主管部门的人士。而随着调研逐渐深入，一种感受反而愈加强烈——余干这些年所做的，远不止是教育扶贫。准确地说，他们实际是进行了一场重振余干公办教育的改革。

谈及余干教育在21世纪以来20年的发展，有两个非常明显的特点无法忽略：一个是从21世纪初开始余干民办学校的异军突起，在很短时间内就攻城略地、蔚为壮观；另一个则是与民办学校的崛起完全同步、时间也完全吻合的，余干公办学校近乎全面的衰败：学校破落、人心涣散、教师无心教学、生源急剧流失。

余干县教体局在2012年上半年进行过的一次调查，鲜明反映了当时的情况：当时余干全县有学校（幼儿园）803所，在校学生167401人。其中，公办学校（幼儿园）413所，在校学生86410人；民办学校390所，在校学生80991人。

从数据上看，在学校数量和学生人数上，公办学校与民办学校差不多各占一半。民办学校尽管占据了余干教育的半壁江山，但公办学校还占据着另外半壁江山。似乎看不出公办学校有多么衰败。

可是，仔细分析就会发现问题：此次调查所说的学校数量包含了幼儿园。当时，余干的公办幼儿园仅有 3 所，有学生 468 人，而民办幼儿园却有 362 所，有学生 38099 人。

这说明以下两个问题。第一，在 2012 年调查之时，余干县的民办幼儿园无论是在学校数量还是学生人数上，都占据压倒性的优势，全面碾压公办幼儿园。第二，如果刨去幼儿园，余干县的公办学校有 410 所，在校学生 85942 人；民办学校有 28 所，在校学生 42892 人——民办学校以不足公办学校 10% 的数量，吸纳了全县约 33% 的在校生。假如算上幼儿园，则民办学校在校生占全县学生总数高达 48%。

余干县民办学校这样的规模，远远高于同期全国的数据。2012 年上半年，教育部调研组在对余干民办教育的发展情况进行专题调研时，就对余干民办教育发展规模之大、管理之混乱感到震惊，对余干民办教育不断侵占九年义务教育领地深感忧虑。

也正如教育部调研组所深感忧虑的，余干公办教育虽看上去还占据着半壁江山，但这半壁江山已千疮百孔。余干教体局在调查报告中就直言：“农村公办中小学普遍存在较大困难，学校学生规模急速萎缩。全县45所农村公办初中，有18所初中是100人以下，甚至瑞洪湾头初中仅有10名学生。……无围墙的学校初中1所、小学154所；无校门的学校初中1所、小学169所；无食堂的学校初中9所、小学339所；无厕所的学校小学13所……”

我们调研期间所接触到的所有余干教育工作者，只要一提起当年的情况，无不连连摇头、连声叹息，“太糟糕了”“太差了”。实际上在那个时候，余干的公办教育几乎已丧失了义务教育的主导地位，走到了极度危险的边缘，社会评价也极为负面，广大学生家长对公办学校失去了信心。

余干公办教育之所以走到如此境地，自然有多种原因：有城镇化发展的因素，有民办学校竞争挤压的因素，有投入不足的因素，有地方政策实施的偏颇……但说到底，还是公办教育自己缺乏主动作为。

让人欣慰的是，公办教育全面衰败的现实，终于让余干县意识到了问题的严重性。2011年下半年，余干县委、县政府发布了规范民办学校发展的相关文件，同时调整了县教体局领导班子，于当年11月，任命段百达为教体局局长。

这次调整，看上去有迫于外界舆论压力而临阵换将的意味。可是，它终究不是一次浅薄的舆情应对，而是一次痛定思痛、奋起求变。正是以县教体局新领导班子上任为标志，余干县公办教育系统开启一场至今已延续近10年的重振公办教育的改革。

之所以说是“重振”，是因为余干一直是教育大县，公办教育曾经创造了辉煌的历史。更因为2011年年底至2012年年初开启的这场改革，起步于公办教育全面低落、衰败之际。余干的教育改革者可谓筚路蓝缕，即使不是从零起步，也是困难重重。但他们凭着对教育事业的高度责任感和奉献精神，挽狂澜于既倒，用热血与汗水，硬是将千疮百孔、灰头土脸、士气低落的余干公办教育，打造成今天余干人的骄傲。

今日走在余干县，你会惊讶于学校的整洁、漂亮，会惊叹于教学楼的挺拔、壮观。我们调研时，很多余干人骄傲地对我们说：我们这里最好的建筑就是学校。本地人的感受肯定更为深刻，就在几年前，那个漂亮的学校还是杂草丛生、垃圾遍地。

这样可谓翻天覆地的变化，就发生在大体10年之间。实际上到2016年前后，余干公办教育就初步恢复了元气，重新走入上升的轨道。2013年，余干全县没有一所农村初中学生人数达1000人，但到2018年就达到了10所。全县生源实现“从无到有”、办学实现“起死回生”锐变的学校数量众多；生源实现“由少变多”、发展实现“由弱变强”突破的学校多达数十所。由于生源回升迅速，以致校园建设部门总是疲于奔命，压力极大。

难能可贵的是，余干公办教育的重新振兴，并不是通过压制民办学校发展获得的。在余干教育改革者眼中，民办教育是余干县教育的重要组成部分，是深化教育体制改革、拓宽教育投入渠道、推动教育发展的重要力量。余干民办教育有效弥补了公办教育的不足，满足了社会对教育的不同需求，从整体上提升了全县教育水平。尽管民办教育曾经野蛮生长、无序发展，客观上造成了对公办教育的挤压，致使教育不均态势加剧，影响了教育公平。但发展中的问题，必须用发展的手段，在发展中解决。在重振公办教育的同时，余干教育改革者也为民办教育建章立制，将无序发展的民办教育纳入规范、有序的轨道。截至2020年，余干民办学校依然拥有相当规模，但其发展则彻底告别了混乱无序。

余干重振公办教育近10年的改革历程，在改革参与者嘴里说出来好似平平常常，可就我们这样的旁听者而言，无疑是一场波澜壮阔的改革。其间的艰辛与苦涩、欢欣与欣慰，文字显然难以描述其万分之一。但改革者的故事和改革韬略一直强烈激荡、感动、吸引着我们。

这就是本书的机缘巧合。在这本书中，我们试图记录下改革者的身影，更希望能够梳理清楚改革的来龙去脉与改革的经验，以期对其他有志改革者有所启发和镜鉴。当然，囿于能力所限，许多愿望未必能完全达到设想。

目前，余干公办教育已经彻底告别颓败之势，进入高质量发展阶段。而在余干教体局局长段百达看来，高质量发展其实更具挑战，从这个意义上来说，余干公办教育改革并未结束，改革仍在继续，改革者依然在路上。